Bolsillo

Lom
PALABRA DE LA LENGUA
YÁMANA QUE SIGNIFICA
Sol

Salazar Vergara, Gabriel
En el nombre del Poder Popular Constituyente: Chile,
Siglo XXI [texto impreso] / Gabriel Salazar. – 1ª ed. –
Santiago: LOM Ediciones; 2011.
98 p.: 11x17 cm. (Colección de Bolsillo)
ISBN: 978-956-00-0272-3
1. Chile – Política y Gobierno 2. Ciencias Políticas – Chile
I. Título. II. Serie
Dewey: 320.010983.-- cdd 21
Cutter: S161n

FUENTE: Agencia Catalográfica Chilena

GABRIEL SALAZAR

En el nombre del Poder Popular Constituyente
(Chile, Siglo XXI)

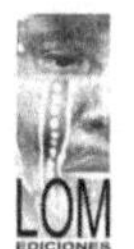

© **LOM Ediciones**
Primera edición, 2011
Segunda reimpresión, 2012
Cuarta reimpresión, 2014
ISBN: 978-956-00-0272-3
RPI: 207.738

Diseño cubierta: Estudio Navaja

EDICIÓN Y COMPOSICIÓN
LOM Ediciones. Concha y Toro 23, Santiago
TELÉFONO: (56-2) 688 52 73 | FAX: (56-2) 696 63 88
lom@lom.cl | www.lom.cl

IMPRESO EN LOS TALLERES DE LOM
Miguel de Atero 2888, Quinta Normal

Impreso en Santiago de Chile

GABRIEL SALAZAR

En el nombre del Poder Popular Constituyente
(Chile, Siglo XXI)

I
Estupor

Hace ya 38 años desde que las Fuerzas Armadas, capitaneadas por Augusto Pinochet, nos forzaron, a balazo, corvo y picana eléctrica, a someternos al modelo neoliberal más extremista de la tierra...

Y hace ya 21 años desde que la Concertación de Partidos por la Democracia, volviendo la espalda a sus principios históricos, comenzó a administrar la herencia pinochetista con ortodoxa eficiencia neoliberal...

¿No será demasiado tiempo?

Y llevamos más de dos décadas –después de retirado el terrorismo militar– acosados por un camuflado terrorismo del Mercado... Endeudándonos para educar a nuestros hijos. Endeudándonos para asegurar nuestra salud. Endeudándonos para tener nuestra casa, nuestros muebles, nuestros utensilios de vida. Endeudándonos para pagar los créditos contratados, los intereses, los seguros y, encima de todo eso, la usura insaciable del *retail*... Pagando hasta cinco veces, después de licenciados, por el crédito universitario con aval del Estado... Pagando todo, hasta lo más esencial y valioso en nuestra vida: la formación y salud de los niños, la cultura, el futuro familiar, el esparcimiento... Y además, rivalizando por marcas y puntajes, uno contra otro, desde la enseñanza básica, despedazándonos mutuamente ¿para lograr qué?: una migaja más, 'otra' partícula de consumo... Y para que, a fin de cuentas, los intereses acumulados tripliquen nuestro ingreso anual, para terminar no pudiendo, pese a todo, ni educar bien a nuestros hijos, ni asegurar bien nuestra salud, ni tener buena casa, ni buen empleo, ni mantener la unidad familiar... Hasta que reventamos: el 45 % de los chilenos padecen de depresión seria; el 58 % de los niños que nacen en Chile son "huachos"; el 25 % de las madres son madres solteras; la tasa de nupcialidad ha caído un 60 % en 12 años, las separaciones se duplican... Los femicidios también.

¿No será demasiado?

Cuando, encima de nosotros, 'nuestros' políticos han permitido que el capital extranjero se apropie de 2/3 de nuestro cobre; de todo el oro enterrado bajo los glaciares de Pascua Lama; de la administración total del fondo previsional de los trabajadores (AFPs e ISAPRES), que totaliza la suma de $US 200.000.000.000, 3 veces el PIB chileno, y también de la mayor parte de las fuentes de energía; del agua de los ríos de Aysén; de las semillas, de los mayores bancos, etc. Cuando los *malls* y las multitiendas nos inundan con productos traídos de China, de Japón, Estados Unidos, Europa, Taiwán, etc., mientras nuestras industrias tradicionales desaparecen una tras otra... Pues ¿dónde está la Compañía Refinería de Azúcar de Viña, o la Textil Yarur, o la Bellavista-Tomé? ¿Dónde están las fundiciones que fabricaban locomotoras a comienzos del siglo XX, o las armadurías de tractores y automóviles de los años '60?... El alud del mercado mundial, el sobrepeso jurásico del consumismo globalizado, la hegemonía corrosiva del capital mercantil-financiero, a más del obsecuente neoliberalismo fundamentalista practicado por nuestros dirigentes, han desintegrado el débil sector industrial que logramos, con no poco esfuerzo y lucha, levantar en el siglo XX... Hemos retrocedido, productivamente, casi, al período post-colonial...

¿Nos hemos dejado colonizar de nuevo?

Cuando el Plan Laboral –que es una aseguradora de plusvalías de producción y circulación– ha reducido a la protagónica clase trabajadora del pasado a una masa de subcontratados "precaristas" y de profesionales "a honorario", sin seguridad de futuro, sin identidad laboral con proyección propia por la cual luchar y progresar (sumida además en el humillante tráfago del transporte público, precarizada por las "necesidades de la empresa", las "reingenierías" de pacotilla, la "externalización de servicios", amén de descuidada por la legislación e ignorada por las clases políticas), el estatus social del asalariado de hoy –que es lo que sentimos dentro de nosotros mismos– se asemeja más al peón-gañán del siglo XIX ("roto alzado, sin Dios ni Ley") que al trabajador "organizado" del período 1938-1973...

Nos han degradado... Y de nada sirve que nos inunden con 20 millones de tarjetas de crédito para comprar bluejeans de marca, celulares, televisores, aparatos electrónicos..., porque aun con todo eso, no estamos contentos, ni por dentro ni por fuera... Tal como ha informado el Programa de Naciones Unidas para el Desarrollo (PNUD) desde 1998: "los chilenos viven un profundo malestar interior"...

¿No será el tiempo de la rabia?

Y por supuesto, para no dar salida a la rabia, nos ofrecen más y más "líneas de crédito", a efecto de ahogar la frustración con más consumismo y endeudamiento. E insisten en que "todo está bien", que estamos creciendo al 6.0 % anual con una tasa de inflación del 4 % y un desempleo apenas de 8.3 %, razón por la que estamos blindados contra la crisis financiera mundial... Somos líderes en América Latina y miembro con honores del selecto club neoliberal de la OCDE... Que, por todo esto, podemos y debemos olvidar el pasado y, sobre todo, *reconciliarnos y unirnos* para asegurar el futuro... Debemos, por eso, juntar las estatuas de Carrera y O'Higgins, para simbolizar nuestra patriótica fraternidad... ¡Y olvidar la Caravana de la Muerte, los fusilamientos de Pisagua, la incineración de campesinos en los hornos de Lonquén, la masacre de campesinos en Paine, los miles de torturados de Villa Grimaldi, las vejaciones perpetradas en Londres 38, los horrores del centro de torturas de la calle Simón Bolívar, la violación de mujeres por perros policiales, el asesinato de los hermanos Vergara...! ¡Olvidar el rostro descompuesto del asesino principal, el de los aprendices de dictador rindiéndole honores en Chacarillas, el de los que retozan en el *resort* de Punta Peuco, el de los oficiales que usaron el corvo para sacar los ojos de los prisioneros!...

¿Pretenden que endeudándonos y consumiendo olvidemos todo eso? ¿Todo *eso*?

¿Somos capaces de olvidar *ESO*?

Y no son los militares, sin embargo, los que, principalmente, nos piden olvidar y soportar a la vez, con entereza y alegría, el endeudamiento perpetuo, el trabajo precario, la separación de parejas, la crisis afectiva de nuestros niños, que el tráfico delictivo sea más remunerativo que el trabajo asalariado, que la distribución del ingreso nacional sea la tercera peor del mundo, que la violación de los derechos humanos piadosamente se encubra con un patriótico manto de esperanzas futuras, etc. No, no han sido sobre todo los militares, han sido *ellos*: los políticos civiles que antaño fueron nuestros aliados y dirigentes; los que en el pasado fueron 'socialistas revolucionarios' (unos), 'socialistas comunitarios' (otros) y 'demócratas radicales' (aquéllos). No nos equivoquemos ni nos confundamos: son exactamente ésos, los mismos de anteayer. Que ya no son lo que fueron (o aparentaron). Que han hecho de la política el *negocio* de su acomodación en un Estado que *no* construyeron ellos —tampoco la ciudadanía— y que venía manchado de sangre, tortura e ilegitimidad; ese sucio negocio de disolver las riquezas nacionales y el orgullo nacional en la droga alucinógena de la globalización neoliberal, como también la clase popular entera en el remolino sin fin del endeudamiento consumista. Son ellos —aliados en esto a los discípulos de Pinochet— los que han convertido la política en un carrusel mercantilizado, en una farándula de cháncharas sin contenido (que, pese a todo, dispara díscolos a diestra y a siniestra) ni raigambre representativa en la ciudadanía real... ¡Si hasta nos hicieron elegir como Primer Mandatario al más astuto especulador del mercado y de la Bolsa!

¿Es lo que nos merecemos? ¿No nos habremos *alienado* más de la cuenta?

En los años '60, por mucho menos (había educación gratuita, salud gratuita, empleos permanentes, sindicatos poderosos, legislación protectora, partidos populistas, gobiernos benefactores, etc.) intentamos promover *la revolución socialista...* ¿Por qué ahora, cuando hemos cumplido casi 40 años soportando una situación muchísimo más alienante que en los '60, no hemos hecho *nada*?

¿No habremos esperado *demasiado*?

II
Memoria

¿Recuerdan cuando los jóvenes universitarios, allá por 1977 −apogeo absoluto del terrorismo militar− iniciaron un movimiento de resistencia artística, justo cuando la Universidad de Chile estaba aplastada y despedazada por la rectoría dictatorial? ¿Recuerdan que la Agrupación Cultural Universitaria (ACU) lanzó entonces el "*teatro del absurdo, irrumpió con música en medio del apagón cultural y difundió poemas que salvaron vidas y curaron locuras*"? ¿Recuerdan que, frente a los fusiles y los rostros tiznados de los soldados 'todo-terreno' levantamos "*la metáfora como arma*", y que con ella llenamos hasta los bordes el Teatro Caupolicán, sin que ellos pudieran hacer (ni entender) nada?[1] ¿Recuerdan cuando, en un taller de poesía poblacional, una pobladora-poeta declaró, con orgullo: "qué pueden los fusiles contra la poesía"?

¿Y recuerdan que, durante el período más salvaje de la dictadura (1977-1985) comenzamos a juntarnos en nuestras casas −fiestas de toque a toque− para conversar, para criticar, comer, tomar y bailar, para conocernos en profundidad, para sentir que constituíamos, pese a todo, un *nosotros* indestructible?... ¿Que, en nuestros escondrijos, pudimos sentir todavía el calor de nuestra identidad y,

---

[1] Ver de Víctor Muñoz Tamayo: *ACU: Historia de la Agrupación Cultural Universitaria*. Santiago: La Calabaza del Diablo, 2006.

también, de nuestra rebeldía? ¿Cuando probamos que las armas podían dominar el espacio público de la plaza y las calles, pero no el espacio comunitario e íntimo de la fraternidad? ¿Y han olvidado "las peñas" –como la del **Café** del **Cerro**, en Bellavista, por ejemplo– donde, apretujados y a vela encendida, tomábamos un trago escuchando cantautores que, como Silvio, gatillaban, con lírica musicalidad, "la metáfora como arma"? ¿Recuerdan la *sinergia íntima* que se potenciaba allí, noche a noche, dentro de cada uno?

Y nunca debería olvidarse el relámpago de esperanza que renacía en los prisioneros de Villa Grimaldi (o de otros centros similares) cuando, luego de ser torturados, golpeados, vejados (incluso asesinados) en la cámara de interrogatorios, se les arrastraba a la "celda de los presos", donde eran recibidos por los "camaradas", y donde, vendados, eran cuidados con inusitado cariño, irradiando, como siempre, *fraternidad*. Solo siete metros separaban la cámara donde atacaba la furia deshumanizadora, de la celda donde revivían la humanidad y la camaradería. Lo que en el 'antro' se quería destruir, renacía a pocos metros de distancia, *recargado...*

¿Pretendían anonadarnos?

Si lo intentaron, no pudieron. Concedamos que destruyeron nuestras organizaciones tradicionales y pusieron en duda algunas de nuestras apuestas ideológicas, pero no destruyeron nuestra capacidad de juicio, de crítica, ni nuestra convivencia fraternal. Tampoco destruyeron la cultura social espontánea y contestataria que fue naciendo dondequiera que dialogábamos, dondequiera que nos mirábamos... Porque nos fuimos encontrando en todas partes: en los pastos del *campus* universitario, en los pasajes de la población, en las capillas del barrio, en los conventos cercanos, en los galpones y patios arzobispales de Punta de Tralca... Para discutir el estado de nuestra identidad, para sopesar los riesgos y posibilidades que nos rodeaban y, sobre todo, para potenciar la cultura propia que nos revivía, que eclosionaba día por día... ¿De dónde surgió "*la fuerza de los '80*" sino de allí? ¿Por qué pasamos de la intimista canción de las peñas a la estridencia rockera de *Los Prisioneros* o a la fuerza comunicativa de *Sol y Lluvia* (hasta hacer tronar el Estadio Santa Laura) sino porque, en lugar de anonadarnos, nos re-potenciamos con nuestra propia memoria y nuestra propia creatividad? ¿De dónde, sino de allí, vino esa síntesis histórica y esa fuerza expresiva contenida en la *Negra Ester*?

Y no solo fuimos sujetos sociales reptando como topos en nuestras madrigueras: también nos convertimos en nuevos, recargados y autogestionados *actores sociales* con capacidad para resolver problemas propios. ¿No levantamos nuestras propias ollas comunes? ¿Nuestros talleres productivos, cooperativas de consumo, centros de salud, comités de derechos humanos, talleres culturales, redes de educación popular, e incluso nuevos grupos "de resistencia armada"? ¿De dónde sino de allí sacamos la capacidad y la audacia para hacer estallar, entre 1983 y 1987, *veintidós jornadas nacionales de protesta*?... Nadie esperaba eso: ni Pinochet, ni los políticos que después negociarían la llamada "transición", ni los observadores internacionales. Nadie. ¡Fueron 22 jornadas nacionales de protesta! ¡Hasta intentamos matar al tirano!... El precio pagado por eso, sin duda, fue alto: sitiaron y castigaron poblaciones enteras. Cayeron centenares de prisioneros. Hubo decenas de asesinatos callejeros. Pero seguimos. Perdimos el miedo[2]. Demostramos a la opinión pública internacional que Pinochet había perdido la *gobernabilidad* del pueblo chileno. Porque eso, exactamente *eso*, fue lo que logramos. Demostramos al mundo que *éramos ingobernables* bajo un régimen neoliberal dictatorial. Y precisamente por eso Pinochet se vio obligado a negociar: el capital financiero internacional *no* invertiría en Chile (era el único que podía sacar el país de la crisis económica en que lo habían sumido las reformas neoliberales) a menos que en el país se restableciera la *gobernabilidad* bajo un "estado de derecho"...

"Y cayó"...

Fuimos *nosotros* –no las elites políticas– los que, entre 1983 y 1987, lo apretamos contra el capital financiero internacional hasta hacerlo reventar. Porque "él" no podía desafiar ni desobedecer a su único salvador posible. No había otro. Por eso, doblegado, negoció y se fue. Ya que, para la naturaleza de su proyecto político, era absolutamente necesario que ese "salvador" aterrizara, invirtiera y se quedara en Chile; de lo contrario, toda la dictadura habría sido un gran fracaso, pues habría hundido el país

---

[2]   G. Salazar: *Violencia política popular en las grandes alamedas. Santiago de Chile, 1947-1987*. Santiago: Ediciones SUR, 1990.

en un caos interminable. Y el peor terrorismo militar de nuestra historia habría matado en vano...

"Y cayó"...

Celebramos por eso, con justa razón, la fiesta del "NO". Pero, precisamente en *esa* fiesta, embriagados por el triunfo, cometimos un triple descuido: a) permitimos que el "estado de derecho" exigido por el capital financiero internacional fuera *el mismo modelo* establecido por Pinochet en la Constitución de 1980; b) que la Concertación de Partidos por la Democracia (supuestamente democrática de verdad) entrara a *administrar ese mismo modelo, bajo la misma Constitución*, y no uno distinto impuesto por nosotros; c) que la recuperación económica de Chile se hiciera *a mercado abierto* y mediante la masiva e irrestricta inversión del capital financiero internacional. Drogados por la fiesta del NO, nos descuidamos en un triple frente, y fue precisamente este descuido el que aprovecharon los políticos tradicionales para entrar en tropel al Estado y quedarse allí por más de dos décadas, en beneficio de ellos mismos y de sus flamantes socios extranjeros...

O sea: acumulamos suficiente rabia, cultura y fuerza para arrinconar a Pinochet hasta obligarlo a negociar, pero no nos preparamos ni tuvimos la lucidez política suficiente para detener el negociado de la "transición". Vale decir: para *forzar a la Concertación* a mantener su ideario histórico y su lealtad a la voluntad reformista/revolucionaria del pueblo; para denunciar la 'traición' que ella misma, solapadamente, estaba ejecutando sobre nuestras cabezas, y para saldar cuentas a fondo con el terrorismo militar, el golpismo de la Derecha y la intervención encubierta (*cover action*) de EE.UU.

¿Por qué? ¿Fue ingenuidad, descuido o falta de audacia '*constituyente*'?

Contra Pinochet desplegamos un arrollador movimiento social y cultural, de resistencia y supervivencia, de autogestión y empoderamiento, que surgió de todos nosotros, a todo lo ancho y largo del territorio, y también desde fuera del país (los exiliados agitaron constantemente la opinión mundial contra Pinochet). Los partidos políticos, golpeados como estaban, flotaron agarrados al vértigo de nuestro movimiento (aunque algunos pretenden convencernos de lo contrario) hasta que llegamos a 1990. Y fue allí y entonces, en 1990, cuando, olvidando nuestra laboriosa autonomía y nuestra fuerza, *depositamos de nuevo nuestra confianza en la clase política civil...* Como si 'ella' hubiera sido la 'gran' vencedora en la retirada de Pinochet...

Y hemos estado más de 20 años esperando que 'ella' mostrara su declamada vena democrática, su supuesta lealtad a la voluntad soberana del pueblo. O por lo menos su profesión de fe nacionalista... Pero, ya hacia 1993, comenzamos a dudar (fue cuando anunciamos que ése era el "*año del desencanto*"). Desconcertados, dejamos languidecer las ollas comunes, los talleres productivos, los comités de derechos humanos, el cordón de educación popular (que, junto a decenas de ONG, habíamos desarrollado en los '80), incluso los grupos de resistencia armada... Y nos sentimos derrotados, no por Pinochet, precisamente, sino por nuestros (supuestos) *amigos*. Por nuestros tradicionales 'dirigentes'. Y nos quedamos, por primera vez en nuestra historia, *sin Izquierda Parlamentaria*, incluso sin el respaldo lejano pero simbólico de la Unión Soviética, y sin auténticos líderes socialistas y comunitarios dentro del país. Fue cuando sentimos que todo el doloroso costo pagado por la clase popular y la ciudadanía para expulsar a Pinochet *había sido en vano*. Que la muerte de los hermanos Vergara habría sido inútil... Lo que era tanto más deprimente si, por esa misma fecha, llegó por fin la inversión extranjera en cantidad suficiente para entonar la economía, para convencer a la Concertación de que su apostasía a favor del libre mercado era 'correcta', para demostrar al mundo las bondades de un régimen que lograba instalar la ansiada "gobernabilidad" bajo *un* estado de derecho (neoliberal), tan exigida por los poderes hegemónicos del nuevo mercado mundial... que observaban, satisfechos...

Reconozcámoslo: fueron días difíciles. Meses y meses de confusión y desorientación. Y ya hundidos en nuestro aislamiento, ensayamos todo: cualquier cosa, cualquier protesta, cualquier adicción. Las mujeres pobladoras, tras una década de lucha para construir poder popular local ("cambiar la realidad en torno nuestro", dijeron), tuvieron que irse para la casa. Muchos estudiantes universitarios, que habían combatido cuando adolescentes en las trincheras poblacionales, perdieron, en parte, su energía y su esperanza. Los trabajadores, diezmados por la represión y el desempleo, solo querían sobrevivir. Miles de militantes abandonaron sus partidos. Los que retornamos del exilio, solo hallamos la miseria de los trabajadores del PEM y el POJH, la destrucción del terremoto, el desmantelamiento progresivo de las ONG (si el 'capital financiero mundial' comenzaba a invertir sistemáticamente, la 'cooperación internacional' debía retirarse…) y la Universidad de Chile descuartizada, purgada y vigilada. Nunca antes, ni siquiera durante la fase más brutal del terrorismo militar, habíamos vivido una situación mayor de desaliento… Un autor escribió un libro que llamó "La Izquierda sin Allende", pero se equivocó: debió ser *el pueblo sin Izquierda, sin Centro y sin allendes…*

Qué duda cabe: fueron días difíciles…

Fue, por eso, lento, largo y tortuoso el camino del renacer. Para revivir, encontrando o creando, una identidad soberana, rebelde y asertiva. Tortuoso, porque esa identidad no se saca de sí mismo fácilmente, como conejo del sombrero de un mago. Pues *esa* identidad solo nace y crece envuelta en dialéctica histórica; es decir: en una relación socialmente tensa y crítica con el sistema dominante. Y por esto, tal vez, fue el sistema mismo el que nos ayudó a reencontrarnos: estalló, hacia 1997, como sabemos, la "crisis asiática", y el capitalismo neoliberal entero trastabilló. Desde entonces han quedado a la vista sus debilidades, a nivel mundial y también en Chile. La primavera económica de la Concertación se detuvo abruptamente y dejó a la vista sus entrañas de barro. Sus mentiras interiores. La fragilidad de su alianza con el capital financiero internacional. El prestigio del presidente Frei Ruiz-Tagle cayó a

28 %, en caída libre. El capitalismo nacional mostró que, detrás del alabado "estado de derecho", del logotipo "jaguar" patentado por los nuevos gobiernos y de la cacareada "gobernabilidad" concertacionista ofrecida al mundo por Edgardo Boeninger, el modelo neoliberal no era más que la burda "jaula" (Tomás Moulian) que nos había dejado en herencia el terrorismo militar... Era solo más de lo mismo de siempre. Lo demás era mentira. Solo mentira...

Ésa, exactamente ésa, fue la señal que nos instó a reanudar nuestra interrumpida tarea histórica: los trabajos de empoderamiento iniciados en la década de los '80. Solo que, ahora, con la *fuerza renovada de los 2000*... Fuerza renovada, porque, a la 'autonomía' que construimos contra Pinochet, hemos estado sumando la 'autonomía' que requerimos para combatir, a la vez, contra un Estado demasiado lejano y un Mercado demasiado cercano...

¡Teníamos razón!... *¡Continuemos!*

Por eso, hemos reconstruido las redes del cordón de educación popular, a todo lo largo de Chile, esta vez *sin* dependencia de las ONG y *sin* ayuda de la cooperación extranjera y/o nacional. Ahora podemos y queremos trabajar con plena autonomía, dependiendo solo de nuestra creatividad y autogestión. Y vemos que pobladores, sindicatos y jóvenes estudiantes han comenzado, poco a poco, a unirse en comunidades locales y a provocar *huelgas de ciudades*, de sentido regionalista (¿recuerdan los "portazos", por ejemplo, que realizó Valparaíso, o las más recientes rebeliones del pueblo magallánico o las de Calama?). Y todas las redes sociales juveniles, de población y de universidad, se han reactivado, perfeccionando sus prácticas de antaño: las del *hip-hop*, de los *punks*, los centenares de colectivos universitarios, los documentalistas y videístas, las redes comunicacionales de población (radios y canales locales de TV), las tocatas de músicos populares en los barrios, el teatro callejero, el malabarismo callejero, las editoriales populares... ¡hasta las redes de tráfico de toda clase de cosas! ¡Y aun las redes delictivas!... En verdad, desde 1998 o, tal vez, desde el 2000, un segundo aliento hinchó todas nuestras venas culturales, en lo local y en lo regional, en lo chico y en lo mediano, en lo visible y en lo invisible. Así, nuestra larga transición autogestionaria por abajo, que se inició con los estudiantes de la ACU en 1977, se reanudó con fuerza desde el cambio de milenio, en proyección a nuevos e inéditos rumbos, retomando el tranco del pueblo, libre, lento pero seguro, a todo lo largo de las "*anchas alamedas*"...

Para ustedes, para los que *no* han entendido eso, para los que no sospechan que ha habido una significativa "transición autogestionaria" de la ciudadanía popular, ésta ha consistido, en lo esencial, en comenzar a hacer *las cosas por sí mismos* ("¡acción directa!", proclamó Clotario Blest en los años '50). Esto es: *asociadamente*. Participativamente. Deliberada y, a veces, planificadamente. Autoeducándonos para eso, todo el tiempo. Tomando decisiones en grupo, en asamblea, cara a cara, dialogando, deliberando, todos a la vez. Viejos, maduros, jóvenes y cabros chicos. Ordenadamente. Sin organización rígida. Incluso, sin estatutos. Basados en la confianza que surge cuando operamos con sentido de igualdad fraternal y participación abierta, en el consenso de nuestras decisiones y, sobre todo, en la *cultura sinérgica y soberana* que crece entre nosotros al calor de todas esas prácticas.

¿No sabían eso? Ustedes, políticos de autorreferido y hermético ámbito elitista, ¿no sabían eso? ¿Los cogimos por sorpresa? ¿O ni siquiera tienen capacidad de asombro?

Y es preciso que conozcan también lo siguiente: desde mediados de los '80, aprendimos a *investigarnos a nosotros mismos*, fuera de la Universidad... Aprendimos a practicar 'ciencia popular'. Y por eso hemos publicado decenas y decenas de historias de aldeas y villorrios (Chiloé), de talleres de lavandería, de poblaciones y campamentos, de pobladores, barras bravas, cabros chicos, mujeres ciudadanas, etc. Además, muchos intelectuales, desde las ONG primero, y ahora desde la Universidad, asociados a nosotros, están investigando nuestra historia social pasada y presente, la sociología de nuestros grupos, la psicología comunitaria de nuestra gente, las patologías endémicas del Estado liberal, la naturaleza dinámica de nuestra cultura social, la tragedia de nuestros muertos y desaparecidos, el movimiento ciudadano de nuestras mujeres y nuestros niños, la relación virtuosa de los jóvenes con la historicidad de nuestros problemas... ¿Qué es lo que ha caracterizado nuestra transición autogestionaria desde el 2000 a la fecha? ¿Quieren saberlo? Esto: a) la certeza de que, unidos, sin ustedes, *podemos*... b) la naturaleza cultural pero crecientemente multidimensional del nuevo "poder popular"; c) la consolidación de una práctica política asamblearia y participativa; d) la certeza de que el modelo neoliberal debe ser cambiado de raíz (botando el agua, la bañera y la Concertación); e) la acumulación de una cultura social propia y una ciencia histórico-social referida a nosotros mismos (investigaciones de académicos progresistas y tesis de grado y postgrado de estudiantes universitarios de extracción popular) que *nunca tuvimos antes...*

¿Saben que hoy tenemos a nuestro alcance, construida por nosotros mismos, *una gran "caja de herramientas"*, no solo para hacer política de corto y mediano plazo en lo local y comunitario, sino, sobre todo, para *hacer historia...?* ¿Lo sabían?

¿Alguien no lo cree? ¿Y de dónde creen, señores, que los "pingüinos" sacaron su energía y sabiduría como para impulsar su poderosa e inesperada rebelión, que ha convulsionado el espacio público desde el 2005? ¿Acaso de lo que les enseñaron en el aula, debidamente evaluado por el SIMCE? ¿Por generación espontánea?

Ténganlo presente, no lo olviden nunca: ellos son hijos *nuestros*, vástagos directos, en primer lugar, *del* endeudamiento con el Mercado. Y a través de sus padres, *de* la "transición" traicionada. Y por sus abuelos, *del* terrorismo militar. Y por sus bisabuelos, *de* la tronchada democracia 'liberal' de 1938-73. Son hijos, pues, de una memoria social profunda, de luchas y combates por el desarrollo y la igualdad, traicionada tres veces por ustedes mismos. Y han vivido a la vez, en carne propia –como actores–, el terrorismo solapado del Mercado *y* la transición autogestionaria del pueblo y la ciudadanía... ¿Esperaban, acaso, que fueran y actuaran de otra manera? ¿Neoliberalmente? ¿A la pinta de ustedes?...

...Y hemos llegado hasta aquí, hasta este tiempo de maduración y eclosión de esa larga, lenta pero fructífera "transición por abajo". A un punto en que ya conocemos el poder que tenemos, la cultura propia que calzamos, la voluntad colectiva que perfila nuestro futuro y, aun, la sabiduría de cómo movernos frente a las clases políticas que, desde hace demasiado tiempo, pretenden gobernarnos... Hemos aprendido a conocer cómo es el jueguito asociado que ustedes juegan y hemos aprendido, de eso, a autoeducarnos *en soberanía*... ¿cómo, pues, no querer cambiar de raíz la educación mercantil y mercenaria que nos han implantado?... Y esto, claro, es, solo, para empezar...

... Porque, más temprano que tarde, sabrán también de nuestro *poder constituyente*...

III
Historia social

Tal vez no conocemos mucho sobre lo que es o debe ser el "*poder constituyente*": suena como una palabreja nueva que no tiene resonancia en la memoria. Porque, claro, de nuestros viejos aprendimos una jerga distinta: "lucha de clases", "pliego de petición", "tomarse el poder", "reformismo o revolución", "ultraizquierdismo", "infantilismo revolucionario", "movimiento de masas", "batalla de la producción", "centralismo democrático", "posiciones correctas", etc. Tampoco –menos aun– nos hablan de él los textos escolares o la literatura histórica tradicional. ¡Ni siquiera Lenin, ni Maritain, ni Mao!... Por eso, algunos militantes de antaño refunfuñan: "¿qué tiene que ver eso con las luchas del pueblo? ¿Cuándo es que luchamos por algo como eso?".

La "palabreja" tiene, sin embargo, un significado importante: el "poder constituyente" es el que *puede y debe ejercer el pueblo por sí mismo* –en tanto que ciudadanía soberana– para construir, según *su* voluntad deliberada y libremente expresada, *el Estado* (junto al Mercado y la Sociedad Civil) que le parezca necesario y conveniente para su desarrollo y bienestar.

Si se piensa un poco en ese significado, se constata que *no es* una nimiedad.

¿Por qué entonces nos suena como algo nuevo, insólito, que desconocíamos? ¿Cómo no tener recuerdos o 'manejo' de algo tan importante como eso? ¿Es que nuestra cultura política popular ha arrastrado vacíos, amnesias, dogmatismos, desviaciones o, peor aun, ignorancia? ¿O excesiva dependencia de la clase política civil, de nuestros dirigentes tradicionales, de sus infalibles "comisiones políticas", de sus instructivos y "discursos para masas" y de los sacrosantos "textos clásicos"? ¿Qué ha pasado aquí?

La Historia Social-Popular ha investigado y trabajado últimamente, entre otras cosas, ese tema. Y está en condiciones de informarnos que ese 'vacío' se ha generado, junto a otros factores, por dos *situaciones históricas* fundamentales:

a) porque cuando el movimiento popular ha ejercitado por propia mano el "poder constituyente" (lo que ha ocurrido en dos oportunidades en la historia de Chile), la clase dirigente lo ha reprimido brutalmente, y al derrotarlo, ha mitificado el discurso de los vencedores y *denigrado y sepultado en el olvido* (historia oficial de Derecha) el de los perdedores, y

b) porque cuando la Izquierda Parlamentaria se alojó e identificó con las normas del Estado Liberal de 1925, asumió por sí y para sí la *vanguardia política* del movimiento popular, disponiendo de éste solo como movimiento de *masas* (las 'masas' no están capacitadas para ejercer por sí mismas el poder constituyente, razón por la que necesitan "vanguardias"), lo que devaluó y sepultó en el olvido (historia oficial de Izquierda) el discurso del *poder popular* (constituyente).

En 200 años de historia, la clase dirigente (mercantil) no ha admitido nunca, por convicción e interés, *ningún* ejercicio público del "poder popular constituyente". Es que, si lo admitiera, sería su muerte histórica... La Izquierda Parlamentaria, por su parte, si llega a admitirlo, lo hace solo *si ella lidera y controla* ese ejercicio, porque solo así puede mantenerse como miembro reconocido en la "*clase política civil*"... La conclusión que se deriva de ambos hallazgos historiográficos es que el obstáculo que frena, obstruye y reprime al poder popular constituyente está formado por los intereses específicos (conjuntos) de la "clase política civil", que en este aspecto crucial ha contado y cuenta con el no despreciable apoyo de la "clase política militar". Por eso, la historia muestra, crudamente, que la clase dirigente *no* admite ("¡no y no!") el poder popular constituyente, y la Izquierda Parlamentaria, que a final de cuentas ha *aceptado* los estados construidos *sin* la participación de ese poder (el de 1925 y el de 1980), no se ha jugado nunca por *abolirlos* para luego *abrir las puertas* –a efecto de reemplazarlos– al poder popular constituyente, sino que ha preferido quedarse en ellos ("es lo mejor, por ahora"), con más oportunismo que lealtad, en compañía de golpistas, formando parte de una misma, conflictiva y *gobernante* clase política civil...

Es fuerte eso, ¿no? Fuerte, porque sacude como trapo viejo varios recuerdos respetados y queridos. Y porque pareciera que, desde el siglo XIX, entre los políticos civiles y los políticos militares han estado haciendo enroques y contraenroques para *dejarnos fuera* del proceso crucial de "construcción del Estado" (y del Mercado). Se pasan el timón del sistema político –no sin cierta solemnidad "constitucional"– el uno al otro y el otro al uno, a paso de *gavota* o de *minueto*, en una danza histórica que ya dura dos siglos. Todo a nuestra vista. Desafiando nuestra paciencia.

Es fuerte eso, ¿no?

Es que fue muy fuerte que el terrorismo militar derribara el Estado de 1925 e instalara, con el mismo método, el de 1980. Y tan fuerte como eso –aunque desgarró más el alma que la piel– fue que los políticos civiles asumieran "ese" Estado *como si* fuera un don valioso, legítimo y perenne. Porque ellos (¡qué duda cabe!) *no* lo rechazaron. No le hicieron asco. Y pretendieron por añadidura que, por el hecho ilustre de que "ellos" lo administraban, reaparecía *la misma* democracia por la cual habíamos luchado a muerte entre 1964 y 1973... Y muy fuerte es también que nuestra Izquierda Parlamentaria se haya adherido como lapa hasta disolverse dentro de *todo eso*. Duele, sin duda. Vaya que duele... Pero ésos son los crudos hechos... La Historia Social de Chile, que se apega a los sujetos populares y los sigue lealmente dondequiera que vayan, sin claudicaciones, ha detectado ésas y otras aberraciones, las mismas que nuestros políticos han estado disimulando detrás de su farándula seudodemocrática. Una década tras otra...

La dialéctica revolucionaria –intuyó Marx– empieza precisamente por reconocer el *proceso histórico verdadero* como la matriz única de toda des-enajenación...

Nuestro proceso histórico verdadero ha sido largo, revuelto y alienante, pero, al fin y al cabo –tal vez un poco tarde– lo hemos asumido como corresponde: *dialécticamente*. Nos atragantó, pero lo masticamos y asimilamos: ya está, en buena parte, 'juzgado'. Si no ¿cómo explicar el hecho de que tenemos actualmente a los políticos –¡todos!– con un miserable 4 % de credibilidad ciudadana, cuando en los años '60 los teníamos con casi 80 %? Es que estamos asumiendo la historia real por las astas. Lo que nos deja la mente limpia para ver y proyectar, paso a paso, nuestro poder constituyente, e incluso para recordar cómo operamos ese poder en el pasado, y qué pasó concretamente con él, en cada coyuntura. Estamos aprendiendo.

Es por tanto conveniente repasar, aunque sea al paso, nuestras movilizaciones social-ciudadanas del pasado. Aquellas coyunturas (que hemos olvidado) en que, con toda decisión, con ambas manos, blandimos *nuestro* poder constituyente. La Historia Social de Chile –como dijimos– es "una caja de herramientas"... Saquemos algunas. Veamos.

En dos oportunidades señeras hemos blandido ese poder, a saber:

a) a partir de 1822, cuando decidimos derribar la dictadura antidemocrática y criminal de Bernardo O'Higgins, para iniciar luego un proceso constituyente que, tras muchas peripecias, concluimos en 1828, cuando *dictamos soberanamente* la Constitución Política de ese año, y

b) a partir de 1918, cuando decidimos "sustituir" el fracasado régimen oligárquico-parlamentarista (heredero del Estado portaliano de 1833) y construir soberanamente un Estado Popular Nacional-Desarrollista, a cuyo efecto nos autoconvocamos en la *Asamblea Constituyente de Asalariados e Intelectuales*, realizada en marzo de 1925.

Una consideración previa: nos han inducido a creer que la movilización histórica del pueblo, en tanto "lucha de clases", es la que está centrada exclusivamente en: a) la lucha sindical *contra el patrón* (huelgas), a propósito de la plusvalía y contra la concentración propietaria de los medios de producción, y en: b) la movilización de 'masas' *en apoyo* a los partidos políticos que, desde el interior del Estado (liberal, en dos ocasiones) dirigen como vanguardias el 'proceso revolucionario'... Es decir: por un lado, se otorga 'protagonismo de clase' al proletariado en la lucha económica por el contrato laboral y el salario, y por otro, se exige 'clientelismo subordinado' a toda la clase popular en la lucha propiamente política por la revolución. Esta ambigua asignación de roles calzó 100 % con lo exigido a la clase trabajadora por el Código del Trabajo (liberal) impuesto mediante un Decreto con Fuerza de Ley por el dictador Carlos Ibáñez del Campo en 1931, que *prohibió a los sindicatos hacer política*, prohibición que creó, por carambola, el *monopolio político* de los partidos de Izquierda... Una asignación de roles que, como se ve, despolitizando a unos para ultra-politizar a otros, poco tenía y tiene que ver con el principio supremo de que la *soberanía* radica, siempre e inalienablemente, en el pueblo, y solo en él... ¿Cómo es posible que al pueblo soberano se le impida hacer política? No es extraño que la historia oficial de la Izquierda chilena *no* haya desenterrado ni exaltado nunca los episodios en que la clase popular intentó, en el pasado, ejercer *su* poder constituyente...

Desenterrémoslos, por eso, ahora.

a) El movimiento social-ciudadano del período 1822-1828

Respecto a este período histórico (que abarcó desde 1810 a 1841), los "vencedores de siempre" y los historiadores de alcurnia han llenado las páginas de los textos y nuestra propia memoria con *héroes* de diverso perfil y clasificación: militares, como O'Higgins, San Martín, Prieto y Bulnes; políticos, como Portales, Egaña y Rengifo, y culturales, como Bello, Gay y otros. Una bronceada galería de estatuas, coronada de laureles, espadas, togas y charreteras... Una mole marmórea representando esa nebulosa abstracta que es *la Patria*... Han sido 200 años de letanía ceremonial, de loor y reverencia... Que duró hasta el 2008, momento en que los estudiantes de Chile, respondiendo a un llamado del canal de Televisión Nacional para que eligieran a los 10 chilenos más importantes de nuestra historia, *no eligieron a ninguno de ésos*... En cambio, sin ninguna presión, votaron masivamente por personajes populares más próximos a ellos: Salvador Allende, Pablo Neruda, Víctor Jara, Violeta Parra, Alberto Hurtado, etc... ¿Fue una opción de puro instinto? ¿O era su experiencia concreta de los últimos años, ayudada tal vez por los hallazgos de la Nueva Historia?... No lo sabemos. Pero de lo que sí tenemos certeza es que la "mitología heroica" aniquila, en lugar de insuflar vida, la *historia ciudadana*. Pues la "memoria oficial" anestesia el recuerdo de los procesos sociales. Oculta la *gesta* de los sujetos anónimos, de los actores sociales y, sobre todo, denigra la lucha del "bajo pueblo". Es decir: la gesta que realizan los dueños vivos de la soberanía...

No ha sido fácil investigar esa historia enterrada, anestesiada y olvidada bajo la mitología "heroica", buceando a contracorriente de la memoria oficial. Si la clase popular debe a menudo hacer historia subterránea como los "topos" (Karl Marx), los historiadores sociales, por eso, reptan también bajo tierra... Pero ha valido la pena: lo que estaba allí sepultado es sorprendente. Revivificante. Resumamos.

¿Sabían que fue un movimiento ciudadano el que *derrocó* la dictadura militar de Bernardo O'Higgins y lo forzó a abdicar?

Los historiadores "oficiales" (Barros Arana y otros) han magnificado y enmarcado como emblema de la Patria la escena titulada "la abdicación del prócer", implicando con ello que *él*, por decisión propia, en un gesto de desprendimiento del que solo los héroes son capaces, devolvió al "pueblo" generosamente la piocha del poder... Y como es lógico, han adornado esa escena con escorzos teatrales: un elegante salón repleto de caballeros (mayorazgos y títulos de Castilla), un proscenio encuadrado por cortinas de terciopelo rojo y, en el centro, bajo un haz de luz, el héroe, abriéndose la guerrera con gesto dramático, mostrando su pecho, desafiando a que le disparen (de ser necesario) y devolviendo *su* poder al "pueblo" reunido allí... ¡Eso es grandeza, señores!... Y este cuadro histórico es similar, en significado y colorido, a la del héroe retirándose como invencible centauro (totalmente derrotado, claro) de la sitiada plaza de Rancagua... Escenas simbólicas. Instantáneas congeladas en el tiempo. Las imágenes ahistóricas del mito...

La Historia Social no congela la historia en tres o cuatro escenas simbólicas ni las recarga de pinceladas hasta convertirlas en "obras maestras". Lo que hace es distinto: se hunde en los *procesos sociales* subterráneos, avanza o retrocede con ellos, se transforma junto con ellos y va escuchando, duplicando y amplificando, todo el tiempo, lo que las muchedumbres van pensando y diciendo mientras corren, luchan, trabajan, viven y se mueren. Desde esta perspectiva (soterrada) importa más la vida y fuerza de los "topos" que la grandilocuencia de los que creen gobernarlo todo en la superficie...

Y lo que no se cuenta es que, desde fines del siglo XVI, el "pueblo" chileno (definido entonces como el conjunto de *"vecinos con casa poblada"*) había vivido organizado en "pueblos" (ciudades, villorrios, aldeas, lugares...) o comunidades locales, muy distantes unos de otros (no había caminos ni medios modernos de comunicación), muy lejos del Rey de España, e incluso del Gobernador de Chile, que residía en Santiago. Por tanto, durante dos siglos y medio los "vecinos" vivieron preocupados, en relativo aislamiento geográfico, de *producir* lo necesario para subsistir y, cuando se podía, también excedentes para exportar al virreinato de Perú, o a los fuertes de Valdivia. También se preocuparon de defenderse de las malocas mapuche (los del sur) o del bandidaje peonal (los del centro). Y para organizar la producción, la vida local y el comercio lejano y cercano se reunían en *asambleas vecinales* (cabildo abierto), razón por la que fueron consolidando una bicentenaria tradición de *autogobierno*. En ese contexto, el "cabildo" fue el órgano directo, local, de la soberanía popular. La organización colectiva del proceso productivo (del que dependían todos) congregaba tanto a chacareros como a estancieros y hacendados, a peones y artesanos, a mineros e incluso a curas, alguaciles, profesores, escribanos y milicianos. Había diferencias sociales, qué duda cabe, pero la asamblea vecinal, necesaria para existir en comunidad, los reunía a todos, supieran leer y escribir o no, fueran hombres o mujeres, viejos o jóvenes, propietarios o asalariados. En un pueblo chico, la comunidad se topa todos los días, los incluye a todos, sin trastornar por ello su natural heterogeneidad. En este sentido, los casi 50 "pueblos" que existían en Chile a comienzos del siglo XIX se regían por una multicentenaria tradición de autogobierno local, que ponía un énfasis central en la *producción* (no tanto en el comercio exterior) y en la *participación* de todos en la toma colectiva de decisiones atingentes a la supervivencia del "pueblo". Podría decirse, por eso, que desarrollaron una cultura social-productivista y liberal-democrática.

El único "pueblo" que *no* desarrolló esa cultura fue Santiago, la capital. ¿Razones?

Porque Santiago era, desde el punto de vista productivo, relativamente más pobre que los pueblos agromineros del norte y los agroganaderos del sur, razón por la que construyó afanes hegemónicos tomando el *control centralista del comercio exterior* de todo el país.

a) Porque concentró todas las magistraturas *centralistas*, locales, del Imperio Español: políticas (Gobernación General), militares (Capitanía General), judiciales (Real Audiencia), financieras (Casa de Moneda), comerciales (Aduana, Tribunal del Consulado), religiosas (Obispado) y culturales (Universidad de San Felipe).

b) Porque, por todo lo anterior, se formó en Santiago no un empresariado 'productivista', sino una elite esencialmente *mercantil* que, por acumular una mayor masa de dinero líquido, pudo *comprar* mayorazgos, títulos de nobleza y cargos públicos de la jerarquía local del Estado Imperial, lo que condujo a la aparición de una "aristocracia feudataria" (en rigor, un patriciado mercantil) con un *sentido centralista del poder*, fenómeno que no ocurrió en los "pueblos" de provincia.

Durante los siglos coloniales, los pueblos de provincia (de Coquimbo y de Concepción) aceptaron la supremacía centralista de Santiago en tanto todos formaban parte del *Reyno de Chile*, que a su vez era una provincia orgánica del Imperio encabezado por el Rey de España. Pero desde el momento en que se produjo la ruptura independentista (que borroneó la vigencia local del Estado español) e irrumpió por añadidura la necesidad histórica de construir un Estado 'nacional' *sin* ligazón con el Imperio, la supremacía de Santiago quedó sujeta a revisión. Era obvio: *sin* el Rey, ni el 'centralismo' ni el 'autoritarismo jerárquico' tenían razón infalible de ser. Quien vivía en provincia podía entender eso sin problemas. En cambio, quien formaba parte del patriciado mercantil santiaguino, no. Y éste fue el problema de fondo que se configuró a comienzos del siglo XIX.

Por eso, mientras Chile, después de 1810, se autogobernó mediante una Junta de Gobierno o un Congreso Nacional electo (que se entendían como provisorios), los pueblos de Coquimbo y Concepción no hicieron valer sus tradiciones de autogobierno. Tampoco lo hicieron mientras la liberación de España se decidía en el campo de batalla. Pero después de la jornada de Chacabuco, es decir, cuando, derrotados los españoles, se entró de lleno en la fase propiamente 'constituyente', el supradicho problema cobró vigencia, sensibilidad y tensión. Y fue justo allí, en ese período álgido, cuando se instaló la dictadura militar, centralista e incluso "lautarina" de Bernardo O'Higgins. El pretexto que se dio fue que la guerra continuaba... en Perú. Pero el "dictador" seguía incólume seis años después e intentaba continuar ocho años más... Y no solo eso: el Director Supremo había demostrado ser recalcitrantemente antidemocrático: había perseguido a Manuel Rodríguez (hasta hacerlo asesinar) porque promovía elecciones libres y prácticas democráticas, y manipuló despóticamente además la elección (exigida por "su" mismo Senado) de diputados para el Congreso de 1822. Cuando este Congreso (elegido por él) se convirtió en Asamblea Constituyente y se dispuso a prolongar la dictadura... estalló la *rebelión ciudadana*. Era demasiado. La cultura productivista y democrático-liberal de los pueblos de provincia había guardado prudente silencio durante 12 años. Pero los excesos centralistas y dictatoriales de O'Higgins colmaron su paciencia en 1822...

Indignados, los "pueblos" del sur se coordinaron en lo que llamaron la *Asamblea de Pueblos Libres de Concepción*, la que envió una misiva al Director Supremo diciéndole que había usurpado y burlado la soberanía popular y que, por tanto, le desconocían su autoridad... Desacato sin más. Desobediencia civil sin ambages. Debía, por tanto, renunciar e irse... Luego se comunicaron con los pueblos del norte y éstos, reunidos en la *Asamblea de Pueblos Libres de Coquimbo*, hicieron lo mismo y enviaron otra carta de desacato... Los pueblos de la provincia de Santiago, y sobre todo el patriciado mercantil de la capital, en cambio, *no* se pronunciaron. El dictador se preparó militarmente para sofocar la rebelión... Los pueblos del sur decidieron entonces que el general Ramón Freire, Intendente de Concepción y General en Jefe del Ejército de la Frontera (que apoyaba al movimiento ciudadano) se trasladara con parte de sus tropas a Santiago... Así lo hizo, y el General Freire acampó con sus fuerzas en las cercanías de la capital, sin disparar un tiro. O'Higgins, inquieto, formó sus tropas en la plaza, pero éstas se mostraron reticentes, mientras el patriciado de la capital (que nunca había aceptado de buen talante a un jefe que *no* pertenecía a esa elite) se reunía para solicitarle la renuncia... Fue entonces cuando, en el salón de los mercaderes (Consulado), el general O'Higgins abdicó...

Eliminada la dictadura, la ciudadanía se abocó de lleno a la construcción del Estado. Así lo entendieron todos, y en particular, el general Ramón Freire (nuevo Director Supremo) que era decidido partidario de organizar un proceso constituyente en el que la ciudadanía misma, libre y democráticamente, dictara el tipo de Estado nacional que le pareciera pertinente. Esto era exactamente lo que *no quería* el patriciado mercantil de Santiago. Pero el grueso del artesanado y los milicianos del Ejército (que eran en su mayoría también artesanos), junto a los "pueblos" de provincia y algunos liberales patricios de la capital, formaron una *mayoría ciudadana* que, amparada en la gran popularidad del general Freire, Comandante en Jefe del Ejército, inició la tarea de organizar una libre Asamblea Nacional Constituyente...

Las posibilidades de éxito de esa mayoría (copaba 2/3 del electorado) eran, pues, óptimas. El proceso constituyente se inició, así, en 1823. Los "pueblos" discutieron, primero que nada, los "principios fundamentales" que debían estructurar el Estado, y habiendo llegado a acuerdo en ese sentido, lo convirtieron luego un *mandato ciudadano*. Definido el mandato, eligieron recién a los diputados que debían *realizarlo* en la Asamblea Constituyente que se efectuaría en Santiago. Para ese efecto se concedió derecho a voto a todos los hombres mayores de 21 años si eran casados, y de 25 si eran solteros, siempre que tuvieran un oficio conocido, supieran o no leer. Y estando ya en funciones la Asamblea, los pueblos cuidaron en todo momento de vigilar la conducta de sus 'mandantes'. Al mismo tiempo, varios de ellos, a efecto de reforzar su voluntad soberana en la Asamblea, remitieron "*representaciones*" por escrito, reafirmando o explicitando su opinión respecto a ciertos temas de importancia social, como eran el de los mayorazgos, el inquilinaje, las levas de soldados, los diezmos, la forma de elegir los gobernadores de departamento, etc. Si el diputado electo *no* se comportaba de acuerdo al mandato recibido, el pueblo *revocaba su cargo*, le quitaba el "poder" concedido, y ya de vuelta a la comunidad, lo sometía a "*juicio de residencia*". Cada comunidad local cuidó, pues, por todos los medios a su alcance, de mantener viva, en todo momento, la soberanía popular. El control estricto de los "mecanismos de representación" caracterizó principalmente, durante el proceso constituyente, a los pueblos de provincia.

Dada la existencia de esa cultura política, la Asamblea Constituyente fue organizada (bajo presión del General Freire) precisamente para permitir que los mecanismos de representación funcionaran con total transparencia: las sesiones eran abiertas (había una "barra" para los caballeros que quisieran asistir, y otra "especial" para las damas que quisieran escuchar), se instaló una tribuna libre para ciudadanos y se informaba diariamente, mediante carteles que se pegaban por las calles, de los temas que se discutían o los acuerdos que se tomaban. La Asamblea Constituyente fue concebida de hecho en el mismo tenor de las asambleas que los pueblos de provincia realizaban en los espacios abiertos de sus plazas, parroquias o "pampillas", a las que *todos* podían/debían asistir. En ellas, los acuerdos solo tenían validez "política" si se tomaban *en presencia de todos, cara a cara, a viva voz*... Sin duda, eso contrastaba agudamente con el comportamiento del patriciado santiaguino, que se reunía *privadamente* en los salones de sus casas, en el de su club ("La Filarmónica") o, si eran muchos los asistentes, en el gran salón de la casona del *comercio* (el "Consulado").

Se comprende que el carácter "abierto" de la asamblea provincial era absolutamente incongruente con la cultura elitista y enclaustrada del patriciado mercantil de Santiago. Si, además, los diputados de provincia (que eran mayoría) estaban renuentes a establecer un Estado centralista-autoritario (como quería Santiago), el proceso constituyente amenazó con transformarse (como ocurrió) en un arma destructiva para los afanes de 'hegemonía nacional' del patriciado capitalino. Ante eso, inició una ofensiva obstruccionista y perturbadora destinada a desvirtuar la Asamblea Constituyente y distorsionar sus conclusiones, apostando a inclinar la balanza a favor de su concepción hegemónica y centralista, heredada del colonialismo español. El conflicto, latente hasta 1822, estalló justo al interior de la asamblea, a tal punto y con tales efectos, que la condujo finalmente a su fracaso.

Es de interés conocer con algún detalle de qué medios se valió Santiago para torcer en su favor una asamblea dominada por una mayoría opuesta a sus aspiraciones. Puntualicemos los rasgos sobresalientes de su "estrategia" (son datos útiles a tener presente):

a) el patriciado como conjunto (sobre todo el grupo mercantil-monopolista "los estanqueros") implementó una ofensiva de *burlas y mofas* contra los delegados de provincia, quienes, no habiendo hoteles en Santiago, debieron alojarse en cualquier parte y comer donde pudieran. Observando eso, los motejaron de "pipiolos" (por el "pío-pío" desamparado de los pollitos) y de "pelagianos", mientras publicaban panfletos y periódicos para atacarlos y ridiculizarlos (el mercader Diego Portales encabezó la campaña);

b) *obstruyeron los debates* interviniendo y burlándose desde la "barra", con lo cual dilataron la discusión, confundieron los temas y alargaron la incómoda estadía de los provincianos en la capital;

c) se movieron para *monopolizar la redacción* de los acuerdos, a fin de formalizar a última hora un texto constitucional que reflejara *su* propuesta aristocrática y centralista ("pelucona") y no la del denigrado "pipiolaje", logrando al fin que el jurisconsulto conservador Juan Egaña redactara por sí mismo la Constitución Política de 1823;

d) *retardaron la discusión del texto* propuesto por ese jurisconsulto, para conseguir que, con el alargamiento de los tiempos, los diputados de provincia se vieran obligados a retornar a sus pueblos, convirtiendo de ese modo la mayoría en minoría;

e) *cuando calcularon que la mayoría estaba ya debilitada*, convocaron a la reunión programada para discutir la propuesta de texto constitucional (en este caso, el redactado por Egaña), logrando aprobarla con una mayoría relativa.

Esa fue la "estrategia" aplicada por el patriciado santiaguino para imponer su proyecto de Estado a los restantes "pueblos" del país. La trampa, sin duda, era burda: violaba todas las prácticas de participación y transparencia que caracterizaban la cultura política de los pueblos de provincia. Como es natural, estalló la indignación en todas partes, incluso en el patriciado "liberal" y el artesanado de Santiago, que organizaron un masivo motín de protesta callejera. Freire abdicó, dado que "su" Asamblea Constituyente había fracasado, pero el "motín callejero", más indignado aun, exigió que volviera. Freire volvió y *abolió* la Constitución "de"... Santiago (fue llamada "moralista", como para despistar, pero en rigor era "aristocrática"). La unión de los pueblos del sur y del norte y el apoyo irrestricto del general Freire a la realización de un proceso constituyente democrático impidieron, en esta oportunidad, que el patriciado santiaguino restableciera la posición hegemónica que había tenido durante el período colonial. En verdad, el factor que inclinó la balanza en este caso no fue otro que el Ejército, compuesto en lo esencial, en ese tiempo, por artesanos urbanos enganchados como milicianos (que sabían deliberar como ciudadanos), y oficiales reclutados en el estrato inferior de la clase propietaria y comercial, todos los cuales profesaban una gran lealtad y admiración por el general Freire, un comandante de caballería que, aparte de ser demócrata, había ganado todas las batallas en que había participado, palmarés y popularidad que nunca tuvo el general O'Higgins...

Fue necesario reanudar el proceso constituyente, siempre bajo el patrocinio de Freire. Se convocaron, en similares términos que en 1823, las asambleas constituyentes de 1824 y de 1826... ¿Por qué *dos* veces? Porque el *"frondismo"* anarquista del patriciado santiaguino hizo fracasar, en sucesión, ambas asambleas, utilizando los mismos métodos de 1823 (los historiadores *de* ese patriciado –como el célebre Barros Arana, hijo de un mercader que era socio de Diego Portales– atribuyeron esos fracasos al "anarquismo iluso" y a la "ignorancia" del pipiolaje, razón por la que hasta hoy se denomina este período como "anarquía"). La estrategia santiaguina consiguió al menos, en 1826, que el incómodo general Freire renunciara a su cargo de Director Supremo y que se designara jefe de Estado a un mercader capitalino: Agustín de Eyzaguirre. El Ejército, sin embargo, siguió adicto al general Freire. Además, el movimiento ciudadano, siendo mayoritariamente liberal-pipiolo, siguió exigiendo la realización de una asamblea constituyente libremente electa. De modo que se citó a "otra" asamblea, en 1828...

Esta vez los diputados de provincia (siempre en mayoría) decidieron escapar de la capital y eludir el peso corrosivo del "frondismo" santiaguino, por lo cual decidieron sesionar en Valparaíso. Libres allí de la presión anarquizante del "grupo estanquero" (la influencia real del patriciado santiaguino en Valparaíso era, de hecho, insignificante, pues esa ciudad estaba siendo reconstruida y dominada como puerto por mercaderes extranjeros, sobre todo ingleses), sin interferencias, esta vez los delegados terminaron su tarea a satisfacción y redactaron la Constitución de 1828, que llamaron ellos mismos "*popular-representativa*"... En verdad, el Estado que surgía de ella tenía como fin, según el discurso de los delegados de provincia, evitar la formación de un capitalismo "monopólico y despótico" (aludiendo al "grupo estanquero"), pues éste llevaría a un Estado puramente centralista y autoritario. Por eso, se aseguraron, a través del texto constitucional, que las comunidades de base (o sea, "los pueblos") pudieran participar orgánicamente en el Estado, a todo nivel: primero, por *participación directa* en la instancia comunal (municipios); luego, a través de *delegados comunales*, en una instancia provincial (asambleas provinciales), y luego, a través de *delegados provinciales*, en un Senado descentralizado. El principio "popular-representativo" del Estado, asegurado sólidamente en la base comunal (recordando el "cabildo"), se extendía hacia arriba, en continuidad hasta el Senado de la República, pasando por las Asambleas Provinciales. En cambio, el principio unitario-centralista del Estado se sustentaba en la *elección nacional* del Presidente de la República y la Cámara de Diputados. En cuanto a los Intendentes, su designación era mixta: la Asamblea Provincial respectiva proponía una terna, y el Presidente seleccionaba de ella al elegido.

Es evidente que los constituyentes de 1828 procuraron asentar la estructura del Estado en la *participación orgánica* (asamblearia) de la ciudadanía, desde lo local a lo nacional. A la sombra de este soporte fundamental, el elenco político-representativo de nivel 'nacional', responsable de la administración centralista de los negocios públicos, tenía una función global reconocida, pero *suplementaria*. Es esto lo que los constituyentes de 1828 entendieron como "popular-representativo" (algo que ningún historiador del patriciado ni ningún patricio logró entender jamás).

La Constitución de 1828 ha sido, en dos siglos de historia, *la única acordada libremente por la ciudadanía chilena...*

La aprobación y promulgación de la Constitución de 1828 significó, por tanto, la derrota estratégica del patriciado mercantil de la capital. Era el eclipse total del resabio centralista del Estado Colonial Español, en sus ramales chilenos. Era la defenestración del totalitarismo santiaguino. Y el triunfo, por el contrario, del *social-productivismo democrático* sostenido por los pueblos de provincia, el artesanado de todas partes, las milicias ciudadanas del Ejército y por algunos prohombres liberales del patriciado de la capital. Y, por supuesto, por el general Ramón Freire.

Eso, sin embargo, precisamente *eso*, resultaba insoportable para el enardecido "grupo estanquero" y para toda la red patricia de "mayorazgos y títulos de Castilla". Porque, como es obvio, barría y sepultaba su máximo sueño político: un Estado aristocrático, centralizado, mercantil y autoritario. Era el colapso de su dudosa grandeza feudataria, calcada de los oropeles del Imperio. ¿Qué hacer? ¿Qué podían hacer ante hechos consumados, frente a un Ejército que garantizaba la Constitución de 1828 y seguía fiel a su líder de siempre: Ramón Freire? La vía del obstruccionismo institucional, o sea, lo que el historiador Alberto Edwards Vives llamó *"fronda aristocrática"* (la burla y la trampa como táctica de lucha parlamentaria), ya era una estrategia superada, roma y derrotada en toda buena ley...

¿Qué hacer? Solo quedaba una vía: propinar el *"garrotazo"* (método usado por Diego Portales cuando, con acompañamiento de tropa, destruyó el gremio de plantadores de tabaco y fabricantes de cigarros para montar su fracasado monopolio-estanco del tabaco). Pero ¿cómo organizar un "garrote" capaz de vapulear a Freire y a todo su Ejército? Muy simple, pensó Portales: organizando *otro ejército, paralelo y mercenario*, pagado por los mercaderes de Santiago. Asestando un imparable golpe de Estado. A cualquier costo. Incluso al precio de provocar *la primera guerra civil* de la flamante República.

Espectacular, ¿no?... Traicionero, ¿no?

Lo hicieron. Todo el patriciado colaboró, de un modo u otro. Portales, diligente, corrió la bolsa: juntó alrededor de $ 120.000 de la época (equivalía al valor de unas 10 haciendas). El oscuro general Joaquín Prieto y el todavía joven coronel Manuel Bulnes (que tenía mando de tropas en el sur) se dejaron tentar por la conspiración y el soborno y arrastraron a varios suboficiales corruptos. Amotinaron algunos cuerpos del Ejército de la Frontera. Formaron montoneras con inquilinos y enrolaron montoneras de bandidos (fue el caso de la temible "Partida del Alba", que atacaba al amanecer) y marcharon a Santiago, decididos a todo. Acamparon en las chacras de Ochagavía...

Estupefacto, el gobierno del general (liberal) Francisco Antonio Pinto debió improvisar una defensa. Y el Ejército Constitucional, comandado por el general De la Lastra, marchó a Ochagavía. Y fácilmente, pese a todo, derrotó en el campo de batalla a los conspiradores. Prieto se rindió. El "garrote", inservible, cayó al suelo... ¿Quedaba algo por hacer, después de eso?

Sí: el engaño y la traición. Las armas de la felonía. La vieja "fronda", envilecida...

Los oficiales de entonces acostumbraban tratarse mutuamente conforme una *cortesía de caballeros*". Honestidad, lealtad y respeto irrestricto a la palabra empeñada... Joaquín Prieto apeló a ese código e invitó a los oficiales vencedores (que acampaban a pleno sol) a que lo visitaran en su *vivac* (en las sombreadas casas de Ochagavía) para conversar un armisticio de alto nivel. Apelando a ese mismo código, los oficiales vencedores, constitucionalistas todos, aceptaron la invitación. Fueron. Excepto el coronel Benjamín Viel, que no creyó nunca que oficiales oscuros como Prieto fueran, en su fuero interno, realmente, caballeros. Y no fue...

Tenía razón: era una trampa. Con el resto de sus soldados, Prieto encerró a sus visitantes a punta de fusil, los tomó como rehenes y forzó un armisticio que, en lo esencial, obligaba a ambos comandos a *disolver* sus formaciones para asegurar la paz. El general De la Lastra, un caballero, firmó el armisticio, respetó su palabra y disolvió su ejército. Prieto, que, a juzgar por su conducta, jamás fue caballero, *firmó* el armisticio, *demoró* en dar las órdenes pertinentes a la espera de que De la Lastra diera primero las suyas, *no* respetó su palabra y *no* disolvió sus tropas, sino que las reorganizó y marchó a la capital, que ocupó sin oposición. Durante la ocupación, la temida "Partida del Alba" asaltó y saqueó varias casas, entre ellas la del coronel inglés Vic Tupper, cuya esposa, Isidora Zegers, escapó apenas de ser violada. Viendo todo eso, el coronel Viel, indignado, retó a duelo al general Prieto: éste había roto el código de caballeros en Ochagavía y luego en Santiago permitió saqueos y violaciones... Pero Joaquín Prieto no aceptó el desafío, alegando que, ahora, él era un hombre decisivo en los destinos del país...

Si el "garrote" portaliano había fracasado en el campo de batalla, la trampa, el engaño y la felonía del general Prieto, en cambio, tuvieron pleno éxito...

Hubo que reorganizar a la carrera, como se pudo, el Ejército Constitucional, esta vez al mando del general Freire. Pero fue inútil: el sino fatal ya estaba escrito... Prieto y Freire se enfrentaron en la sangrienta batalla de Lircay. Venció Prieto. Freire tuvo que huir. El coronel Tupper y otros oficiales constitucionalistas cayeron prisioneros... Cuando supo esto, Prieto ordenó que *los mataran a hachazos, especialmente a Tupper*... Fue la felonía suprema. La culminación perversa de la estrategia 'constituyente' aplicada por el patriciado de Santiago a efectos de construir el Estado centralista y autoritario que tanto ambicionaba. Lo que hicieron, por fin, en 1833...

Fue entonces cuando el "garrote portaliano" entró a trabajar sin control alguno: desterró al general Freire (después que falló el intento por fusilarlo), dio de baja sin pensión a la totalidad de los oficiales constitucionalistas del Ejército (más de 200), fusiló a decenas de jóvenes opositores en varias provincias del país, excluyó a pipiolos y liberales del Estado por más de 30 años, dictó leyes secretas (de puño y letra de Mariano Egaña), organizó una policía secreta, firmó un tratado de libre comercio con Estados Unidos, creó un régimen de privilegio para artesanos extranjeros, construyó jaulas de hierro para los trabajadores-convictos que reparaban el camino de Santiago a Valparaíso, abolió los cabildos soberanos, sujetó las flamantes municipalidades al control del gobierno central, suprimió los "pueblos de indios" (para "chilenizarlos"), desde el Poder Ejecutivo alteró todas las elecciones en su favor, expulsó los talleres de artesanos del centro de Santiago, inventó la guerra fratricida contra la Confederación Perú-Boliviana, etc. Fue, pues, un régimen mercantil, centralista, arbitrario y de terror. La dictadura vandálica de Portales, bajo el amparo mercenario del general felón por excelencia: Prieto...

Portales –el Pinochet del siglo XIX–, por todo eso y algo más, ha sido proclamado por el patriciado santiaguino como el *gran estadista*, el *genial constructor del Estado nacional*, el *prócer inigualado* que aseguró el orden público y el respeto a la ley... Y el que, de hecho, postergó a plazo indefinido la soberanía ciudadana de pipiolos, liberales, artesanos, campesinos, peones y de las ancestrales comunidades locales ("pueblos"). Y en frenesí, levantaron su estatua frente al Palacio de Gobierno, en la dudosa plaza *de la Constitución*...

¿No es eso una farsa? ¿No es eso una burla de la soberanía ciudadana de ayer y hoy?

Que lo era, bien lo comprendió la masa ciudadana vencida militarmente –pero no cívicamente– en Lircay: *siete motines y alzamientos* estallaron entre 1830 y 1837, con activa participación de artesanos y milicianos. Y en esa última fecha, *todo* el ejército acampado en Quillota –que Portales preparaba para combatir en Perú– se amotinó en la propia cara del ministro y lo apresó. Era una insurrección general. Los oficiales de los regimientos estacionados en Quillota suscribieron, por eso, una declaración pública, donde enfatizaron sus convicciones democráticas y su rechazo a la tiranía. Pero algo falló en Valparaíso y estalló, de nuevo, la guerra civil. Fue en ese momento cuando los oficiales rebeldes decidieron *fusilar al tirano.*[3]

Es el único tirano fusilado por el pueblo en toda la historia de Chile...

¿Pero por qué el destino se inclina más en favor de los tiranos y no de los libertarios?

Pues lo mismo que en *Lircay* (1829) los demócrata-liberales fueron derrotados en *Cerro Barón* (1837). Y si en Lircay los vencedores mataron a los prisioneros *a hachazos,* tras la victoria de Barón *descuartizaron a los oficiales vencidos*: les cercenaron la cabeza, los brazos y las piernas, las clavaron en la punta de largas picas y enterraron éstas a la entrada del pueblo donde estalló la rebelión... Violaron, por eso, los derechos humanos de los vivos, y también de los muertos...

¿Por qué no hemos podido juzgar criminalmente a todos los tiranos, hachadores, torturadores y descuartizadores? ¿Por qué?

---

[3] Sobre este movimiento, G. Salazar: *Construcción de Estado en Chile, 1800-1837. Democracia de los pueblos. Militarismo ciudadano. Golpismo oligárquico.* Santiago: Editorial Sudamericana, 2005.

b) El movimiento social-ciudadano de 1918-1925

El movimiento social-ciudadano fue, pues, derrotado en las batallas de Lircay y Cerro Barón, y sus vencedores pudieron de ese modo consolidar férreamente el Estado liberal, centralista y autoritario que constituyeron en 1833, el mismo que duró hasta 1925.

¿Fue, para la ciudadanía, una derrota total, exterminadora, definitiva?

Fue, por cierto, una derrota político-militar aplastante, pero *no fue una derrota socio-cultural...*

¿Por qué?... El movimiento social-ciudadano que derribó la dictadura de O'Higgins tenía una cultura productivista y de autogobierno de siglos de antigüedad. No solo en Chile: en Europa, la autonomía popular de las aldeas, pueblos y villorrios, dotada de su "cabildo o ayuntamiento", provenía del temprano medioevo; prácticamente desde la caída del Imperio Romano. Fue esa misma cultura popular la que emigró y fundó los "pueblos" hispanoamericanos. La *memoria ancestral* que la nutría, unida luego a la *memoria local* de dos siglos de autogobierno, al recuerdo del derrocamiento de O'Higgins, al de la lucha a muerte contra el neocolonialismo de Santiago, al de la figura legendaria de Ramón Freire, a los principios que fundaron la Constitución de 1828, al de los mártires de Lircay y Cerro Barón, etc., *no* podía desaparecer de la noche a la mañana. En la memoria social, los recuerdos de la vida propia no desaparecen por la acción de terceros, aun si ésta es violenta y asesina, pues *permanecen, se reinterpretan y se transforman.* El "capital sociocultural" de los pueblos revive y se renueva cada vez que es oprimido o agredido... Y no se extingue en el espacio temporal de apenas una generación y media... Tanto más si el régimen vencedor continúa siendo dictatorial y represivo, pues en ese caso aquél relegitima, condensa y agudiza los recuerdos de la identidad que fue abusada y excluida...

La generación que derribó a O'Higgins y fusiló a Portales fue *la misma*, por lo que debemos entender que mantuvo intacta la memoria de *todo* ese período. Incluso hasta su muerte, ocurrida en 1852, la generación vencida seguía aclamando a Freire como el "caudillo defensor *de los pueblos*". Por tanto, de un modo u otro, el ideario social-productivista y democrático del "pipiolaje" derrotado en 1829 continuó activo en la memoria popular hasta, probablemente, 1870 o 1880 (cuando Benjamín Vicuña Mackenna postuló a la Presidencia en 1876, fue nominado por la "Convención *de los pueblos*"). De este modo, podría decirse que los motines del período 1830-1837, el fusilamiento de Portales en 1837, la acción popular contestataria del bienio 1846-1848 (Sociedad de la Igualdad), la insurrección de 1851 (que redundó en la guerra civil de ese año) y también la de 1859 (también redundó en guerra civil), fueron manifestaciones que tuvieron como matriz *una misma memoria social*: la de las luchas ciudadanas del período 1822-1829, que tenía hacia atrás ancestros casi milenarios...

Ni esa cultura *ni* esa memoria fueron, pues, derrotadas por el patriciado mercantil...

La resiliencia y elasticidad de la memoria social (ciudadana) hace posible que existan procesos histórico-culturales subterráneos, que reptan y se filtran, de sujeto a sujeto, bajo los cimientos del espacio político monopolizado por el Estado, casi siempre invisibles a la ley. Sin embargo, pese a ese carácter, sostienen su soberanía e historicidad sobre plazos de larga duración. Son *armas históricas de largo alcance.* Es el modo de trabajar de la soberanía popular: movimientos culturales lentos, subsidentes, bajo tierra. Consolidándose y socavando...

Es el "topo" (popular) de la historia...

El primer *topo* de la historia subportaliana fue el Gremio de Lancheros y Jornaleros (trabajadores portuarios), fundado hacia 1824-25. Estaba concebido como una cooperativa de trabajo y previsión, sustentado en un *fondo monetario común* y una disciplina casi militar. Pronto los artesanos criollos, que estaban siendo desplazados por los empresarios extranjeros (privilegiados por el nuevo régimen), comenzaron a asociarse según el modelo de los portuarios. Y fueron apareciendo y multiplicándose las "*sociedades de socorros mutuos*" y, en general, las asociaciones de cohesión horizontal, para ayudarse y autogestionar el mejoramiento de sus condiciones de vida, afectadas seriamente por la instalación del Estado de los mercaderes. Y también para desafiar, poco a poco y todos juntos, el sistema que los había excluido. El *mutualismo*, nacido hacia 1825, se expandió por capilaridad, cual mancha de aceite, de modo que, a comienzos del siglo siguiente, existían en el país más de 1.000 sociedades mutuales, de todo tipo. Fue un topo que comenzó a crecer lenta pero de manera segura, y a cavar túneles y madrigueras culturales que, hacia 1910, amenazaban con desfondar políticamente lo (poco) que quedaba del mitificado Estado portaliano de 1833...

El mutualismo de los trabajadores del siglo XIX retuvo, sin lugar a dudas, el que latía ya en la interioridad de las "comunidades locales" (provinciales) que desafiaron el centralismo neocolonialista de Santiago. La 'comunidad local' presuponía un grado significativo de *colaboración mutua* entre todos los vecinos para producir los medios de subsistencia, orientar el comercio y sostener el autogobierno; es decir, para generar las condiciones reproductivas de la vida comunal. Ese mutualismo fundamental unificaba (unifica) por arriba, en última instancia, la heterogeneidad y desigualdad existente entre los actores sociales avecindados uno junto a otro. El mutualismo (solidaridad, amistad, compañerismo, camaradería) opera en el sentido de generar un *todo*, sin eliminar, necesariamente, la diversidad de la cual surge. Por eso, es el sustrato de la "política" (Aristóteles), el fundamento del "poder" (Hannah Arendt) y de la "soberanía" (Alexis de Tocqueville), puesto que, en todos los casos, es la matriz de una *voluntad social colectiva*.

La Teoría Política y la Historia Social muestran y confirman que el mutualismo se asocia de modo directo a las ideas (y a la práctica) del *poder, la soberanía y la política*.

¿Por qué, entonces, la historiografía marxista chilena ha definido el "mutualismo" como pre-político, asistencialista, economicista y *anterior* a la verdadera politización de la clase trabajadora en Chile?

Es evidente: se ha mirado al movimiento popular del siglo XIX con los prismas ideológicos del siglo XX, específicamente del período 1931 (Código del Trabajo) a 1970 (gobierno de la Unidad Popular). Es decir: cuando el pueblo fue encajonado en la "lucha de clases" contra el patrón (en tanto sindicalizado) y en la "lucha de masas" en apoyo a la Izquierda Parlamentaria (en tanto militante). Cuando la clase trabajadora no ejercía poder por sí misma ni se la convocaba a construir soberanamente el Estado que ella realmente necesitaba. Cuando la clase popular no significaba *soberanía o poder en sí*, sino solo *masa peticionista, protestante y callejera*.

Si nos desprendemos de esos prismas (observar una época con los ojos de otra es un crimen de "lesa historia"), se observa que el movimiento mutualista chileno, iniciado a mediados de 1820, fue implementando, progresivamente, un proceso autoeducativo y de empoderamiento continuo, que le permitió, a comienzos del siglo XX, esgrimir un *poder constituyente* similar, en cierta medida, al de los "pueblos" de comienzos del siglo XIX y desafiar revolucionariamente a la oligarquía entonces gobernante.

¿Por qué llamar "político" solo al movimiento huelguístico (de evidente naturaleza contractual y económica), al accionar parlamentario de los partidos de Izquierda (de evidente membresía en la "clase política liberal") y a la agitación puramente peticionista y seguidista de las 'masas' (que implicaba degradación ciudadana)? ¿Y por qué considerar *pre-político* o *no-político* el ejercicio, por parte del pueblo ciudadano, del poder constituyente?

Tal vez por la refracción óptica producida por los prismas ideológicos del siglo XX chileno, pues en éstos se leía: a) que el "poder" estaba *en el Estado* de 1925 (liberal e ilegítimo); b) que la "soberanía popular" radicaba en el derecho a *voto individual* (categoría política liberal); c) que la "conquista del poder" (alcanzar el Gobierno en el Estado liberal) solo era posible si las *vanguardias populares*, con el voto de la masa popular, lograban una mayoría absoluta en las elecciones presidenciales y parlamentarias, y d) que, en definitiva, la "revolución socialista" (ejercicio del 'poder') debía realizarse *desde dentro del mismo Estado* (liberal).

Una lectura comprensiva (sin prismas) de la historia popular-ciudadana de comienzos del siglo XIX y de comienzos del XX (como luego veremos) nos revela que, de modo espontáneo, el movimiento social de esos períodos manejaba otras nociones políticas básicas: a) que el "poder" no estaba en el Estado vigente, sino en las comunidades ("pueblos") reales; es decir: en *la asociación solidaria y mutualista* (coincidiendo con Hannah Arendt) de los ciudadanos mismos; b) que la "soberanía" no radicaba en el "voto individual", sino en las *asambleas o comicios* donde se deliberaba colectivamente (coincidiendo con Alexis de Tocqueville), asumiendo de hecho que la soberanía es una voluntad colectiva previamente deliberada, y no una decisión individualista sin deliberación; c) que en lugar de seguir disciplinadamente a alguna "vanguardia", optó por desarrollar y aplicar fuertes mecanismos de *control de sus representantes*, pues privilegiaba el "mandato" de la asamblea; d) que la "revolución" no podía ser otra cosa que el ejercicio y *la aplicación ciudadana de su poder constituyente.*

Como sabemos, en la actualidad el "poder", como molécula básica, resulta de la concurrencia de dos "genes" fundamentales: a) la formación y existencia de vínculos, asociaciones y redes sociales, sustentados en la solidaridad, la fraternidad y la confianza mutua, uniendo el conjunto, pero manteniendo su diversidad, y b) la existencia de acciones colectivas tendientes a *generar y administrar recursos* (materiales, culturales y humanos) con eficiencia, de modo de permitir la "construcción social de la realidad" y del entorno.

De acuerdo con eso, el poder radica siempre en 'lo' social y en 'lo' cultural. Su desarrollo (su acumulación como poder), va a depender por tanto del *proceso autoeducativo* que el grupo, la comunidad o la red social respectiva sean capaces de generar. A partir de ese proceso, el poder social puede (y debe) *diversificarse*: generar ramas productivas, culturales, educacionales, comerciales, financieras y, con todo eso, ramas políticas, tornándose, pues, *multidimensional.* Es evidente que el poder sociocultural tiende a totalizarse solo –y tan solo– *si* se torna multidimensional. Si lo logra, puede copar y dominar, por ejemplo, la comuna (el municipio) o, si se lo propone, una región o un país. Controlando el Estado nacional o no. Los nuevos movimientos sociales (como el Movimiento de los Sin Tierra de Brasil, MST) que desarrollan o han desarrollado un poder multidimensional, *no necesitan tomarse el Estado nacional*: puede bastarles controlar y/o influir en una región de dimensión geoeconómica apropiada. Pueden no necesitar, por lo mismo, partidos políticos. O pueden tenerlos, si quieren. Pero no les son esenciales: el poder multidimensional de las comunidades ciudadanas, ya desarrollado, no necesita 'vanguardias', sino coordinaciones técnicas y rotativas, y menos un partido político parlamentarista atrapado en el cambiante juego de alianzas de un Estado liberal.

¿Parece utópico? ¿Es una construcción ideológica que rompe los principios clásicos?

Que lo expuesto más arriba colisiona con los prismas ideológicos del siglo XX chileno, sí, es verdad. Pero que sea utópico e irreal, no: el MST ha realizado eso en un grado avanzado, casi completamente. Lo mismo ciertas comunidades campesinas en Sri Lanka (Gal Oya). Y, como veremos, el movimiento mutualista chileno avanzó firmemente en *esa* dirección (sin culminarla) entre 1825 y 1925, con la diferencia de que, en lugar de desarrollar un poder multidimensional que prescindiera relativamente del Estado (sí prescindió de los partidos), se movió para *construir el Estado* que pudiera implementar el proyecto *mutual* de desarrollo.

Lo cierto es que el mutualismo chileno del siglo XIX partió uniendo los dos genes fertilizadores del poder: la asociación mutual y la generación-administración de recursos. La primera fue abierta: podían asociarse los trabajadores de un gremio específico o provenientes de oficios diversos; podían ser masculinas, femeninas o mixtas; podían ser territoriales (barriales) o meramente funcionales. En cualquier caso, todas adoptaron un código ético, tácito o explícito: cumplimiento de los compromisos, responsabilidad, eficiencia administrativa, "decencia", camaradería e igualdad entre los miembros, solidaridad (era su objetivo fundamental), participación e incorporación de las familias. En cuanto a la segunda (generación-administración de "recursos"), se estableció un *fondo social* constituido por las cuotas pagadas por los socios, fondo que, como es obvio, realizaba funciones de beneficencia (pensión de viudez, pago de sepulturas, bonos por enfermedad, préstamos y, eventualmente, becas), aunque, de haber excedentes –y los hubo–, se *invertía* en la compra o construcción de una sede, en la contratación de abogados y/o profesores, en el financiamiento de "veladas" (reuniones de sociabilidad y autoeducación), en la compra de imprentas, en la publicación de periódicos, etc.

Es pertinente consignarlo: los trabajadores que en el siglo XIX se asociaron en 'las mutuales' han sido los únicos, en toda la historia de Chile, que *han administrado por sí mismos el fondo social de su previsión y desarrollo*. Pues hemos tenido *cinco* fondos sociales a lo largo del tiempo: a) el "fondo de comunidades" del período colonial, organizado por el Rey y constituido por los salarios pagados a los indígenas, el cual fue administrado por el "corregidor de indios" (con grandes ganancias para él); b) el "fondo de jornaleros", constituido por una fracción de las tarifas cobradas por los trabajadores portuarios del siglo XIX, y administrado por el "comandante de jornaleros" (que lo prestaba al patriciado de Santiago sin tasas de interés y a plazo indefinido); c) el "fondo social" de las sociedades mutuales, administrado por los mismos trabajadores; d) los fondos sociales del Seguro Obrero, Caja de Empleados Públicos, Caja de Empleados Particulares, etc., del siglo XX, administrados en buena medida por el Estado, y e) el fondo social depositado en las AFP y las ISAPRES (el mayor de todos), administrado actualmente por empresarios extranjeros...

Tiene interés, por lo mismo, recordar cómo administraron los trabajadores del siglo XIX "su" fondo social, y de qué les sirvió, en perspectiva histórica, hacerlo.

¿Qué hicieron? Obvio: lo que les permitía el apareamiento de los dos genes señalados más arriba: desarrollaron un sostenido *poder social, cultural, educativo y, finalmente, político-constituyente*. Acumularon, pues, *poder*, e incluso, hasta cierto punto, lo diversificaron. Veamos.

Aparte del gasto en previsión y beneficencia, el fondo social de las mutuales se invirtió, en lo esencial, en un enérgico e intenso proceso social *autoeducativo*: a) para administrar eficientemente los recursos, b) para hacerlo participativa y colectivamente (o sea: democráticamente), c) para debatir, con conocimiento de causa, sobre la sociedad nacional y mundial, d) para desarrollar la expresión artística y el pensamiento crítico propios, e) para liberarse de la dominación autoritaria de los mercaderes, f) para conocerse mejor e incrementar la fraternidad interna, g) para comunicar a los demás trabajadores lo aprendido de ese modo, h) para aplicar lo aprendido a nivel comunal (administración de municipios), e i) para intentar hacerlo sobre el Estado nacional.[4]

Para esos efectos levantaron sedes propias, con diversas salas y un salón central de actos. Organizaron "veladas educativas" (conferencias, teatro popular, declamación de poesías, grupos musicales, bailes familiares, debates). Compraron imprentas y publicaron sus propios periódicos, folletos, libros, panfletos, etc. Organizaron escuelas de artesanos para sí mismos y Escuelas Racionales para los niños del pueblo (hacia 1925 existían cerca de 30 escuelas para niños administradas por la Federación Obrera de Chile, FOCH), en las que los asociados establecían la malla curricular, contrataban a los profesores y evaluaban el proceso en conjunto, como "comunidad". Y fue en este contexto donde surgió la figura de Luis Emilio Recabarren, cuyo discurso (fue un conferencista profesional que recorrió todo Chile para difundir la cultura mutualista y ciudadana) enfatizó el desarrollo continuo de la "inteligencia popular", a efecto de que, si administraba eficientemente los recursos en lo propio, pudiera hacerlo también en lo comunal (municipio) y en lo nacional. La autoeducación popular, practicada por Recabarren y todas las mutuales, apuntaba, hacia 1910, a la expansión del poder mutual (de educación, autogestión y administración) hacia el Municipio y el Estado. Era una clara politización centrada en el ejercicio expansivo del *poder popular*...

---

[4]   Los historiadores Julio Pinto, Sergio Grez y Pablo Artaza han realizado investigaciones específicas sobre el sesgo político de los trabajadores chilenos del siglo XIX y comienzos del XX.

Que eso era así lo prueba el hecho de que, aprovechando un artículo de la Ley de Comuna Autónoma de 1891, que entregaba a la Asamblea de Electores (comunales) las decisiones claves del Municipio, las mutuales se movieron desde 1894 para, a través de esa Asamblea, controlar los municipios e imponer su técnica administrativa y, por cierto, sus proyectos de desarrollo. Lo consiguieron: 4 o 5 municipios cayeron bajo el control del movimiento popular. Basado en ese éxito, las mutuales iniciaron un proceso de coordinación y articulación por distritos y comunas, lo que dio lugar, hacia 1900, a la aparición de las célebres *Combinaciones Mancomunales*, que, hacia 1910, totalizaban una docena a lo largo del país. Era exactamente lo que pensaba Recabarren: unirse para extender el poder mutual desde el interior de la sede a toda la comuna, para, ya en este nivel, implementar políticas socialistas. Eso conducía al "socialismo municipal".

Nótese la similitud genérica del pensamiento de Recabarren con los teóricos clásicos de la democracia republicana-participativa: Tocqueville o Rousseau, que planteaban algo similar, y con autores modernos, como Arendt y Habermas, que definen el "poder" desde esas bases. Incluso intuyó la necesidad de diversificar el poder popular, proponiéndolo como movimiento multidimensional: señaló, por ejemplo, que la "vía revolucionaria" se escindía en tres dimensiones: a) la *cooperativa*, basada en la administración de recursos, que él proyectaba hacia el establecimiento de empresas populares y/o municipales, para asegurar el abastecimiento de los productos y servicios básicos de la comunidad; b) la *gremial*, que consistía en presionar a la clase patronal (huelgas, boicots, competencia, etc.) para mejorar las condiciones del trabajo y de salario, y c) *la política*, que apuntaba al control, inicialmente del municipio y más tarde del Estado, aunque, entretanto, podía participar también en el Congreso Nacional, para hacer agitación y propaganda, amén de usarlo como tribuna.

Como política de *poder popular*, Recabarren promovió, primero, las mancomunales, pero eliminadas éstas (masacres de 1903, 1905, 1906 y 1907), optó por infiltrar y controlar la FOCH (que es la que debía finalmente "sustituir" a la oligarquía en el gobierno del país), mientras usaba también, suplementariamente, el partido político (primero el Partido Obrero Socialista y luego el Comunista). Extinguido el "socialismo municipal" tras el eclipse de las mancomunales, Recabarren se concentró de lleno en la *re-construcción popular del Estado nacional*. Para este efecto preparó dos proyectos de Constitución Política. Por eso, desde 1917, aproximadamente, orientó a sus oyentes y lectores en dirección al ejercicio popular del *poder constituyente*.

Con todo, no solo él se movía en esa dirección, pues también lo hacían muchos otros dirigentes y actores sociales. De hecho, lo hacían también, de un modo u otro, las profesoras primarias (Asociación General de Profesores de Chile), los industriales (Sociedad de Fomento Fabril), los ingenieros (Instituto de Ingenieros de Chile), los estudiantes (Federación de Estudiantes de Chile), los oficiales jóvenes del Ejército (Club Militar), los ciudadanos probos (Ligas de Acción Cívica), los arrendatarios de conventillos (Ligas de Arrendatarios), los empleados públicos y de comercio (Federación de Clases Medias), grupos de agricultores (Cooperativas Agrícolas), etc. La crisis económica en que se había sumido Chile desde 1873, asociada a la corrupción e incapacidad de la oligarquía liberal que gobernaba el país, a la hegemonía aplastante de las casas comerciales extranjeras y a la pobreza vergonzosa que reinaba en los conventillos, inspiraron, en todos los actores sociales de cierta relevancia, la convicción de que la oligarquía parlamentarista no tenía credibilidad ni representatividad y que, por tanto, la crisis exigía un cambio radical de rumbo. Como si fuera poco, la "carestía de las subsistencias" (inflación), golpeaba todos los hogares, sobre todo a los empleados públicos y a la clase popular.

Hacia el término de la Primera Guerra Mundial, la situación era, por eso, insoportable.

De modo que, a fines de 1918, los trabajadores convocaron a todos los actores sociales a constituir lo que llamaron la Asamblea Obrera de Alimentación Nacional (AOAN). El objetivo era no tanto protestar, sino impulsar una *deliberación ciudadana*, a efectos de hacer un diagnóstico de la situación existente y, sobre todo, *proponer las leyes necesarias* para reactivar la economía y detener la inflación. La respuesta a esa convocatoria fue masiva. En verdad, ante la venalidad y corrupción que corroían a la clase política, los trabajadores decidieron establecer un *Congreso Popular* paralelo para legislar sobre un tema de relevancia nacional. El poder mutual, ya maduro y diversificado, se convertía así, frente al Estado y la clase política, en un *poder dual*. Se iniciaba con ello el ejercicio del *poder popular constituyente*. Así, después de 100 años, la ancestral soberanía comunal de los "pueblos" de provincia reaparecía de nuevo, fantasmalmente, ahora bajo forma de una improvisada Cámara Legislativa Popular... lo que prueba que la memoria social (un arma cultural de largo alcance) -aun bajo el olvido historiográfico de fechas, episodios y personajes- puede "recordar" y revivir *lo esencial* de lo que contiene...

Bajo el liderazgo de la AOAN, las comunidades populares, de norte a sur, reunidas en "comicios locales", deliberaron. Y tras recoger sus informes y acordar una propuesta común, el Comité Obrero de la AOAN redactó varios "Memoriales" en los que anotó los "considerandos" y los proyectos de ley que debían resolver la crisis. Luego invitó a todos los actores asociados a que desfilaran pacíficamente, ciudad por ciudad, en lo que llamaron "marchas del hambre". La de Santiago superó las 120.000 personas... Y a su término frente a La Moneda, el Comité se dirigió al despacho presidencial para hacer entrega de los memoriales e indicar al Jefe de Estado que tenía 15 días para hacer aprobar en el Congreso los proyectos de ley que se proponía. Era, sencillamente, un ultimátum. De no aprobarse en el plazo estipulado –le dijeron al Presidente– el pueblo soberano desacataría al Gobierno y al Congreso, y decidiría soberanamente, luego, lo que debía hacerse...

El Presidente acusó recibo... Pero luego se apresuró a cambiar a su Ministro del Interior, y el nuevo no tardó sino un par de días en declarar que Perú estaba movilizando tropas en la frontera y que, por consiguiente, la Patria debía movilizar sus tropas en todo el país. Se decretó Ley Marcial. El Ejército se hizo cargo de todo. Simultáneamente, se inició un drástico proceso contra "los subversivos". Se arrestó a los dirigentes del movimiento en todo el país (Recabarren entre ellos). Se atacó e incendió la sede de la FECH. Se atacaron y destruyeron las imprentas de las mutuales. Y murió en la Casa de Orates, prisionero y maltratado, el estudiante-poeta Domingo Gómez Rojas...

En apariencia, el movimiento social-ciudadano, reanudado en 1918, fue derrotado y barrido de la escena pública entre 1919 y 1921 de modo parecido a como había sido derrotado y barrido el movimiento de las "mancomunales" entre 1900 y 1910, y casi del mismo modo en que lo fue el movimiento social-ciudadano de los "pueblos" en 1829... ¿Derrota?... Sí. ¿Extinción?... No. Pues el poder "mancomunal", vencido en 1910, reapareció casi diez años después bajo forma de "poder dual colegislativo". Y éste, vencido en 1919-20... ¿se extinguió tras el "juicio a los subversivos"?... No: reapareció entre 1923 y 1925, de nuevo como "poder dual co-legislativo", esta vez para resolver el problema educacional imponiendo "otro" paquete de proyectos de ley, llamado "Sistema Educacional para la Nueva República", impulsado por una articulación de actores sociales: la FOCH, la FECH y la AGPCH (Asociación General de Profesores de Chile). El Presidente que recibió ese paquete, Arturo Alessandri Palma, acusó recibo, pero montó en cólera y reprimió a los insolentes, a quienes envió a la calle a ejercer el único recurso de "poder" que se les permitía: *el derecho a petición...*

¿Otra derrota? Sí, de nuevo. ¿Extinción? No: los actores sociales, que ya estaban posesionados de una *cultura sociocrática* alternativa, consideraron que había llegado el momento de preparar la "culminación" de su movimiento, y se autoconvocaron a una *Asamblea Constituyente de Asalariados e Intelectuales*, la que realizaron, por decisión propia y con plena autonomía, en el Teatro Municipal de Santiago en marzo de 1925. Se trataba de una Asamblea estrictamente popular (trabajadores, profesores, estudiantes y profesionales, con exclusión categórica de militares, militantes de partido y mercaderes-banqueros), en preparación a la Asamblea Nacional Constituyente, que debía ser convocada próximamente.

En verdad, el descontento era tal, que los oficiales jóvenes del Ejército forzaron en dos oportunidades a su Comandancia a dar golpes militares incruentos, destinados a desterrar al presidente Alessandri, a asumir el clamor de la ciudadanía y a convocar una Asamblea Nacional Constituyente. Se trataba, sin duda, de una crisis revolucionaria. Se trataba, por lo mismo, que el movimiento social-ciudadano hiciera valer su *voluntad constituyente* y construyera por sí, deliberada y soberanamente, un nuevo Estado. Es lo que todos los actores sociales sentían –en particular los trabajadores que desde un siglo atrás venían desarrollando un poder sociocultural diversificado–, incluso, como se dijo, los oficiales jóvenes del Ejército...

Todos los actores sociales lo entendieron así, desde septiembre de 1924. Todos, menos uno: la "clase política liberal" que, obviamente, *si* el movimiento social-ciudadano imponía su poder constituyente, era seguro que ella quedaba en situación de *cesantía histórica*. Al menos por varias décadas... Por tanto, debía hacer *algo* para salvarse. Cualquier cosa: legal o ilegal, legítima o ilegítima, honesta o retorcida, moral o inmoral. Ésta fue la compulsión que sintió, en lo íntimo de sí, el líder de esa "clase": el desterrado presidente liberal Arturo Alessandri Palma... Solo se requería una ocasión favorable.

Para las felonías, al parecer, siempre hay una ocasión propicia. Y la hubo para Arturo Alessandri, que, siendo como era, no la dejó pasar. Veamos: la Junta Militar, luego del segundo golpe propinado por los jóvenes oficiales, se halló ante la tarea de organizar la Asamblea Nacional Constituyente. *¿Cómo?* En estricto rigor, si la soberanía radica en el pueblo-ciudadano, y siendo esa Asamblea un ejercicio pleno de soberanía, quien debía organizarla de punta a cabo debía ser el pueblo-ciudadano mismo. Así lo entendieron los actores que convocaron a la Asamblea Constituyente de Asalariados e Intelectuales, que la organizaron *por sí mismos*. Pero la Junta Militar, que era un gobierno de transición y, a la vez, la instancia a la que se le encargó la "tarea", no era ni pueblo ni ciudadanía. Por tanto, dudaron. ¿Qué hacer? Disciplinados, acostumbrados a obedecer, dijeron: "Actuemos según el mandato de la ley"; o sea: según la Carta Magna de 1833 (portaliana). Lo más lógico para ellos, entonces, fue que el Presidente

Constitucional (que aun no terminaba su período), tomara a su cargo la tarea de organizar la dicha Asamblea... Fue así como se creó la oportunidad para la entronización de la felonía: Alessandri, que había sido desterrado por presidir la corrupción, la incapacidad y el fracaso de la vieja oligarquía liberal, fue invitado a regresar por la Junta para *arbitrar* el proceso ciudadano de construcción de un nuevo Estado... Quien había sido expulsado por inepto volvía en calidad de "dictador"...

¿Qué hizo el "estadista" que tiene estatua en la dudosa Plaza de la Ciudadanía? Lo siguiente: *no* convocó a una Asamblea Constituyente sino a dos Comités de Trabajo, ambos con personeros designados por él mismo. Uno de esos comités, el encargado de "organizar" la Asamblea, funcionó una vez y nunca más fue citado. El otro −presidido en persona por Alessandri−, que debía encargarse de *sugerir* los temas a discutir por la Asamblea, sesionó cerca de 30 veces con 8 asistentes en promedio, pero en lugar de sugerir los temas, fue *redactando un texto constitucional* completo, para terminar *reformando y retocando la Constitución de 1833*. Todo esto bajo la conducción directa de Alessandri, que redactó de hecho la mayoría de los artículos (había preparado un borrador de Constitución durante su viaje de regreso, de Italia a Chile). Acto seguido, convocó a una gran Asamblea de Notables (según una lista preparada cuidadosamente por él), para presentarle la "obra" del Comité. Lo hizo con un gran discurso. Pero cuando un general de Ejército preguntó luego por qué *no* se había convocado a una Asamblea Nacional Constituyente, montó en cólera y se fue del salón golpeando la puerta. Sus amigos, alarmados, corrieron detrás de él, para rogarle que volviera al salón. Tras varios remilgos, volvió... Fue ovacionado, y los notables aprobaron la Constitución de 1925 por aclamación... Algunos días después, convocó a un plebiscito para aprobar o rechazar el texto aclamado. Fue aprobado, pero con casi un 60 % de *abstención ciudadana...*[5]

Tal fue el proceso constituyente que 'dictó' la Constitución Liberal de 1925, la misma que rigió hasta 1973, y que fue respetada escrupulosamente por moros y cristianos. La misma que aceptó y respetó la Izquierda Parlamentaria, por ignorancia u oportunismo (que lo mismo da), haciendo caso omiso del carácter *espurio e ilegítimo* con que nació esa Constitución, gracias al salvataje realizado por Arturo Alessandri en favor de su querida "clase política liberal"... la que, por su preclara condición de "estadista", recuperó su bicentenario empleo... Lo que prueba, una vez más, que la felonía constituyente (liberal) puede ser tan o, tal vez, más eficiente que un sangriento golpe de Estado (liberal). En el frontis supremo de la *felonía patriótica* (crímenes de lesa soberanía), por tanto, deberían estar, juntas y revueltas, las estatuas egregias de Diego Portales, Joaquín Prieto, Arturo Alessandri Palma y Augusto Pinochet Ugarte...

---

[5]   Ver de G. Salazar: *Del poder constituyente de asalariados e intelectuales (Chile, siglos XX y XXI).* Santiago: LOM Ediciones, 2009.

IV
Procesos

Del examen de los procesos constituyentes expuestos –sucintamente– más arriba, se desprende que el ejercicio del poder constituyente por parte del pueblo-ciudadano no es una operación simple, de fácil ejecución y puramente coyuntural.

A

Por una parte, porque, para que el poder constituyente exista *en* la ciudadanía como tal y sea una cualidad *de* ella, se requiere, previamente, un largo *proceso de autoeducación*, referido al desarrollo de un poder social diversificado y multidimensional. Se requiere que existan, en el pasado remoto y cercano, *experiencias de poder*. Memoria de esas experiencias. La seguridad (certeza) de que ese poder puede ejercerse de nuevo, en lo local, en lo regional o en lo nacional. En cualquier momento. Cuando sea necesario. Es decir: tiene que haber un proceso histórico previo (que puede ser relativamente largo) de 'empoderamiento' progresivo, que, al momento en que se precipite la coyuntura en que ese poder puede/debe ponerse en juego al todo o nada, no desaparezca tras eventuales derrotas político-militares, sino que, al revés, tenga la elasticidad y resiliencia necesarias para levantarse de nuevo y *reaparecer* insistiendo de otro modo o por otro flanco o a otro nivel. El poder constituyente no puede entrar en acción, pues, si no existe en el pueblo-ciudadano lo que hoy algunos analistas denominan "capital-social" (popular) y otros "tradiciones cívicas"[6]. Si esta precondición no está, o existe en estado larvario, lo razonable parece ser que, en ese caso, es mejor intensificar el proceso de formación y potenciación de esas "tradiciones" antes de entrar en una acción decisiva.

Se observa que, cuando los "pueblos" derribaron a O'Higgins e iniciaron decisivamente un proceso constituyente, tenían siglos de experiencia en autogobierno local, donde operaban con un poder diversificado y multidimensional. Lo mismo, cuando los actores sociales, articulados entre sí, pusieron en acción hacia 1918 su poder legislativo dual, y luego su poder constituyente, tenían tras de sí un siglo de *poder social mutualizado*, que había alcanzado un grado significativo de diversificación (por ejemplo, en la docena de combinaciones mancomunales).

La cuestión es si hoy "nuestro" movimiento social-ciudadano tiene tras sí una masa suficiente de experiencias de poder, y si las hay, de qué "poder específico" se trata. Y, además, si está o no suficientemente diversificado como para proponerse administrar recursos comunales o nacionales (o sea: gobernar o cogobernar). Un "poder" constituyente que no tenga el respaldo de un poder social diversificado, probablemente inducirá a sus ciudadanos a *negociar* el 'proceso' constituyente *con* el sistema político

---

6   G. Salazar: "De la participación ciudadana: capital social constante y capital social variable", en *Proposiciones* Nº 28. Santiago: Ediciones SUR, 1998, pp. 58-83.

establecido, no a liderarlo y llevarlo a término por sí mismo... Tenemos hoy 40 años de experiencia en "gestas de autonomía" y en una "cultura identitaria" de gran fuerza expresiva y dinamismo sinérgico... ¿es suficiente para liderar un proceso constituyente? Sin duda, la sustancia madre del poder constituyente es la cultura social autogenerada. Hoy tenemos una buena dosis de ese tipo de cultura, pero ¿es suficiente para considerar que tenemos ya la "inteligencia" (Recabarren) que nos permita construir el Estado que queremos y, más encima, *gobernarlo desde abajo*?

B

Por otra parte, porque para dar los pasos decisivos hacia el *ejercicio concreto* del poder constituyente se requiere tener relativamente claro *cuál* es el grado de crisis que está debilitando el sistema dominante en ese momento, *qué* poder de resistencia es capaz de desplegar y *cómo* creemos que debiera ser el sistema político y económico que queremos construir. Los "pueblos" de la década de 1820 tuvieron la certeza de que la dictadura de O'Higgins había agotado su tiempo y su función, por tanto se movieron decididamente para derribarlo y luego construir el Estado, cuya forma ideal la tenían muy clara: era la que ellos mismos utilizaban en sus comunidades. Y se jugaron decididamente por un Estado orientado a la producción y a la participación ciudadana. Los actores sociales de 1920 tuvieron también la certeza de que el Estado de 1833 (mercantil y portaliano) estaba absolutamente fracasado hacia 1910, porque había crisis económica y crisis social y política *terminales*. Por eso se movieron con toda decisión para organizar un Estado social-productivista y social-participativo (en correspondencia con los movimientos que se observaban por entonces en Alemania, Rusia y Japón).

En nuestro caso, hoy, siglo XXI, podemos reconocer que el Estado Neoliberal de 1980 nació *ilegítimo*, que *no* ha sido socialmente *eficiente* y que *carece* actualmente de credibilidad y representatividad. De acuerdo. Crisis estructural, aunque menos grosera y visible que la del Estado Liberal-Portaliano en 1910. Pero ¿tenemos claro qué Estado y/o Mercado queremos a cambio, no en lo general, sino en lo concreto?

Un movimiento social-ciudadano que tome como norte histórico el ejercicio efectivo del poder constituyente para construir un nuevo Estado, debería tener −según se observa en los movimientos del pasado− la suficiente consistencia multidimensional como para *ser por sí mismo una alternativa* al sistema político vigente. Eso le da la *continuidad* necesaria entre pasado y presente, entre su memoria acumulada y la realidad que quiere construir socialmente, entre su poder real y la tarea por realizar, *sin* tener que dar ese peligroso salto al vacío que va desde el mero descontento a la vaguedad de la utopía... La "revolución" es un proceso histórico que contiene una *cierta continuidad* dentro de la masa ciudadana que la realiza, en términos de memoria de poder, cultura social y capacidad de ejecución y administración. De no contenerla, arriesga, o bien "negociar" con el sistema dominante (frustrando o vendiendo el proyecto revolucionario), o bien depender de la capacidad creativa y de choque de una "vanguardia" oligarquizada…

C

De lo anterior depende también la capacidad real del movimiento para organizar eficientemente una Asamblea *nacional*-constituyente (y no solo una Asamblea *popular*-constituyente). Porque a la capacidad para ejercer el poder *propio* debe agregarse la que le permitirá organizar y manejar, con éxito para sí, una Asamblea en la que deberán participar también *los otros*; esto es: los grupos medios y las elites empresariales, incluyendo los militares y los religiosos. El poder constituyente no es un poder armado que eliminará a los enemigos del pueblo-ciudadano, y su ejercicio no puede aspirar a establecer una dictadura de clase. En sí, específicamente, es un poder racional, que se vale de verdades objetivas y de acuerdos (de mayoría) intersubjetivos, en un campo de acción que no es otro que la *deliberación abierta*. Es una apuesta al triunfo de los argumentos socialmente convincentes. En este sentido, la argumentación se concibe como un arma que debería ser capaz, según se emplee y hacia qué áreas, de convencer y desarmar incluso a los aparatos armados de la nación. Basándose en los *hechos reales* (configurados como diagnósticos irrefutables) y en *soluciones adecuadas*, eficientes, propuestas por *la mayoría*.

Si el peso de la crisis (terminal) del sistema se refleja vivamente en la experiencia social y en los datos científicos que se exponen, los argumentos por el cambio revolucionario deberían tener la fuerza necesaria para imponerse. Si, a su vez, el peso de las mayorías que están siendo víctimas de esa crisis se manifiesta a través de soluciones técnicas eficientes, la fuerza argumental debería imponerse, tarde o temprano. Es lo que vale en la deliberación ciudadana donde se juega todo eso.

Por eso la organización de la Asamblea Constituyente debe ser realizada conforme a criterios determinados impuestos, ejecutados y fiscalizados por *la misma ciudadanía*, sobre todo por la mayoría afectada o victimada por el sistema y/o por la crisis del mismo. Sería un error *delegar* esa tarea en una autoridad del sistema vigente (tener presente la felonía del presidente Alessandri Palma), o en los partidos políticos, o en el Parlamento del mismo sistema, pues todos ellos, según muestra la historia, no realizarán el cambio revolucionario del Estado que se necesita, sino una reforma limitada que les permita mantener el sistema antiguo pese a su crisis, a fin de seguir flotando en él como una hegemónica "clase política". También sería un error organizar una Asamblea donde cada ciudadano se asuma como igual a otro, equiparados en el voto individual, porque la sociedad real, de hecho, *es* desigual, y está *estratificada* de modo que exista una elite hegemónica, unos grupos medios flotantes y una gran masa social precarizada o semiexcluida de los beneficios principales de la modernidad del momento.

En la década de 1820, los ciudadanos mantuvieron su organización en "pueblos", y a partir de éstos, guardando las proporciones, designaron a sus representantes para la

Asamblea Nacional Constituyente. De ahí que la polarización se produjo entre la capital y los pueblos de provincia. En la década en torno a 1920, los ciudadanos mantuvieron su organización como "actores sociales" con presencia nacional (lo que implicaba reconocer la diferencia y estratificación social que existía en la nación), y seleccionaron a los delegados a la Asamblea Constituyente de Asalariados e Intelectuales según coeficientes de proporcionalidad entre trabajadores (la mayoría), profesores, estudiantes y profesionales (con porcentajes menores). No hubo problemas.

Del mismo modo, la deliberación constituyente (debe deliberar siempre *toda* la ciudadanía, nunca grupos escogidos o impuestos) necesita realizarse a todo lo largo del país, para alcanzar un máximo posible de participación. En la década de 1820 el problema se resolvió fácilmente: se deliberó primero en la plaza pública de *cada pueblo*, y luego en una Asamblea que representó, proporcionalmente, a esos pueblos. En la década en torno a 1920, los actores sociales que tenían bases en todo el país (caso de la FOCH y de la AGPCH, esto es: los trabajadores y profesores federados), convocaron a "comicios" (asambleas locales) en sus sedes y en todo el país, tanto para acordar leyes de acción inmediata (AOAN), como para establecer las posiciones de base que se discutirían en la Asamblea Popular Constituyente (que tenía representación porcentual por tipo de actor social).

Es evidente que la Junta Militar de 1925 *no supo* (o no quiso) resolver el problema de cómo organizar la Asamblea Constituyente sobre una base estrictamente ciudadana, como también es evidente que el presidente Alessandri Palma *traicionó y desechó el principio de la soberanía ciudadana* para organizar "comités constituyentes" al modo como los partidos parlamentarios designan de sus filas a los componentes de los comités del Senado o la Cámara de Diputados. La Junta no sabía interpretar la voluntad ciudadana, y Alessandri solo trató de interpretar (y proteger) la voluntad autoreferida de la clase política profesional...

Se deduce de lo anterior que, en la actualidad, la organización de una eventual Asamblea Nacional Constituyente debería excluir, desde la partida, las *dos* clases políticas (la civil y la militar), porque son las que más se benefician del régimen que, precisamente, se quiere abolir y cambiar. Y que, además, la elección de representantes para esa Asamblea debería combinar criterios *regionalistas* (no demográficos) y criterios *socio-métricos* (que reflejen la estratificación social existente en el país). Por último, debería realizar "comicios" (asambleas locales) en las *sedes de los actores sociales de presencia nacional* (caso de los trabajadores, los profesores, los empleados públicos y los estudiantes, sobre todo).

V
Construcción

¿Qué Estado?

En el pasado hablamos mucho de "lucha de clases", de "sistema de dominación", de "conquista del poder", de "socialismo o comunismo" y, por cierto, de "reforma o revolución", pero ¿hemos sabido alguna vez, con mediana claridad, *qué Estado* es el que queremos construir, o *cómo debe ser* un Estado "socialista"?

Y lo increíble es que, tras casi 200 años de lucha, hemos terminado siempre rigiéndonos por un Estado *liberal*, porque el de 1833 lo era, el de 1925 también, y el de 1980 es, por añadidura, *extremistamente* neoliberal... No hemos avanzado prácticamente nada, ni en imponer lo que, en su momento, queríamos, ni en recordar bien después qué queríamos, ni en saber exactamente por qué el Estado liberal "al cubo" nos ha tenido 200 años seguidos al borde de la crisis, al extremo de que nuestra Izquierda Parlamentaria se ha jugado (y juega) todo el tiempo para *entrar* al Estado vigente (liberal) y para hacernos creer que, ya incorporada (y aun mimetizada) en *ese* Estado, nos terminará resolviendo, gracias a su leal presencia dentro de él, *todos* nuestros problemas y miserias. Varios de nuestros presidentes más respetados: José Manuel Balmaceda, Pedro Aguirre Cerda, Eduardo Frei Montalva y Salvador Allende Gossens, intentaron gobernar para el pueblo (o para Chile) desde la cima de esos Estados liberales, suicidándose, incluso, a nombre de su supuestamente legítima legalidad...

¿No hay algo que huele mal en todo esto?

¿Por qué nunca deliberamos en torno a la naturaleza del Estado que *no* queremos, y sobre la naturaleza del que *realmente* queremos? ¿Por qué no hemos escrito una sistemática historia crítica del Estado en Chile?

Es cierto que todos nuestros políticos y todos nuestros jurisconsultos, cuando nos hablan con (supuesta) sabiduría sobre el Estado, nos han recitado siempre la misma letanía: que los tres poderes del Estado (ejecutivo, legislativo y judicial), que las facultades del Presidente, que las facultades del Congreso Nacional, que los requisitos de la ciudadanía, de las elecciones sobre la base del voto individual, de los partidos políticos que representan los distintos ángulos de la opinión ciudadana, etc. Es decir: nos hablan siempre de un *sistema político abstracto*, a-histórico, de una máquina que *absorbe opiniones de todo tipo*, de todos los sectores, las mismas que revuelve después como coctelera en el *juego competitivo* y cambiante de las mayorías parlamentarias, para evacuar, finalmente, leyes y decretos que resuelven los problemas en la "medida de lo posible": *cocktails* que buscan saciar la sed de todos, en particular de los que pueden pagar la mayor cantidad de bebida estatal (o sea: por diputados y senadores)... En suma, nos hablan todo el tiempo del bendito Estado *liberal*...

El Estado liberal nació, como se sabe, en aquellos países (Inglaterra, Estados Unidos y Francia) donde la revolución industrial no solo estalló antes que en ninguna otra parte, sino que también, totalmente, por *iniciativa privada*. Allí el Estado no tuvo, pues, que intervenir: se cruzó de brazos y "dejó hacer y dejó pasar" *liberalmente*. Sobre esas bases, los países mencionados pudieron expandir la civilización industrial por el mundo entero y construir verdaderos imperios industriales. Y para afianzar su dominación exigieron al resto de los países adoptar una política *libre-cambista* (puertas abiertas al industrialismo), mientras predicaban las bondades filosóficas del liberalismo puro y de la democracia liberal individualista. Allí, para esos países, el Estado liberal tenía y tiene razón *histórica* de ser... En cambio, para los países colonizados por Europa, antes o después de la Revolución Industrial, *su razón histórica de ser* les indicaba otra cosa: si querían industrializarse, debían luchar contra un mercado mundial dominado por las potencias anglosajonas, lo cual, si lo intentaban con arreglo al librecambismo, era muy difícil, si no imposible. Por tanto, necesitaban (y necesitaron) *otro tipo de Estado*, precisamente *no-liberal*, porque se dieron cuenta de que, para desarrollarse dentro de la civilización industrial en un plano de igualdad con las dichas potencias, debían hacerlo aplicando una potente *razón política*, nacionalista y unificadora de todas las energías y sectores de la nación. En este sentido, necesitaron un Estado *construido especialmente para realizar una tarea nacional* para cumplir un *mandato específico*: el desarrollo industrial y social, la modernización, el progreso neto. Era una necesidad relativa al bienestar de los pueblos, pero también a la necesidad de alcanzar un equilibrio geopolítico internacional razonable y justo. De no ser así, el retraso económico y social (por feudalismo, por economía primitiva, u otra razón) iba a reproducir y alargar la vida del *imperialismo colonialista*, un factor de desigualdad e injusticia para toda la humanidad.

De esa necesidad surgió el Estado estructurado para *realizar un mandato específico:* el desarrollo integral. No, por tanto, un espacio "abstracto" para que compitieran, conforme la ley, los intereses individuales de una sociedad *ya* desarrollada. Es lo que hicieron Japón, Alemania, Rusia, Italia, los países escandinavos, y más tarde China, el Sudeste Asiático, Corea, Israel, Sudáfrica, etc. En general, los Estados nacional-desarrollistas lograron su objetivo: todos los mencionados tienen, hoy, un alto estándar de vida. Cierto es que algunos cometieron excesos condenables: o por exacerbar el nacionalismo a niveles intolerables (anti-semitismo, antipalestinismo, *apartheid*), o por sectarismo ideológico (stalinismo), o por expansionismo descontrolado (Japón en tiempos del Eje) y excesos dictatoriales. Sin embargo, allí donde *no* se perpetraron tales excesos (países escandinavos o del sudeste asiático, por ejemplo) el resultado fue exitoso en un sentido *más integral.* En Hispanoamérica hubo también varios intentos en este sentido, pero, o por impericia técnica, o por *cover action* del imperialismo liberal (EE.UU.), o por un prematuro u oportunista juicio condenatorio de esta vía por parte de los defensores criollos del neoliberalismo, fracasaron. Está pendiente, en consecuencia, una *evaluación histórico-política rigurosa* de si efectivamente el nacional-desarrollismo de

América Latina fracasó por *agotamiento*, como se ha dicho, o no. Debe recordarse además que el imperialismo liberal condenó ideológicamente el nacional-desarrollismo, acusándolo de que negaba *la* libertad ("totalitarismo"), lo que fue causa de dos guerras mundiales (y una Fría). En Chile, la evaluación histórica definitiva de la vía nacional-desarrollista es tarea pendiente que atañe, sin duda, a la ciudadanía del siglo XXI.

Los Estados *no*-liberales también han tenido, pues, una razón histórica de ser y han sido, también, exitosos, tanto como para que varios de ellos sean hoy *genuinamente* neoliberales...

¿No es absurdo que en Chile sigamos insistiendo en un Estado liberal si nunca hemos logrado industrializarnos? ¿Si ninguna ex colonia se ha desarrollado bajo los principios librecambistas del Mercado?

Lo que necesitamos es un Estado que realice las tareas históricas que *no hemos realizado* en 200 años: a) una *industrialización razonable*, que nos permita exportar valores agregados (no puras materias primas), generar empleo estable (no trabajo precario de almacén), bases para el desarrollo de la ingeniería productiva y la innovación tecnológica, objetivos técnicos para la educación, etc.; b) una *ciudadanía* con la cultura, el poder diversificado y la capacidad administrativa necesaria para construir el Estado que necesita, controlar por abajo a sus representantes (gobernanza), que sobreponga el productivismo al mero consumismo, que sea realmente soberana, etc.; c) una *sociedad civil integrada* a un proyecto nacional de desarrollo, sujeta a patrones de equidad y justicia social, más igualitaria y solidaria, capacitada para ajustar permanentemente el Estado y las clases políticas a sus necesidades y a su voluntad soberana, y d) un *sistema escolar* orientado a preparar nuestros niños a realizar con verdadero éxito las tareas a-b-c indicadas más arriba, *según* la realidad específica de Chile y *con* la comunidad específica de Chile, no copiando la masa y la mercancía cultural producida en otros países, que permita, por tanto, que la *comunidad real se eduque a sí misma*, dejando de lado la copia, la mera emulación y el consumismo educacional.

Si realizamos el inventario de las tareas históricas no realizadas en 200 años, podremos imaginar mejor cómo debe ser el Estado que construyamos para realizarlas. Si esas tareas deben ser acometidas desde las comunidades reales (locales), es evidente que son, ante todo, tareas ciudadanas, para facilitar las cuales debe pensarse, por tanto, en un Estado que ni sea liberal (porque hay un mandato que cumplir), ni centralizado, ni manejado arbitrariamente por ninguna clase política profesional. Lo demás es inteligencia práctica. Popular, por cierto.

VI
Enemigos

Los "grupos" que acechan y detienen la marcha histórica del poder popular constituyente son pocos. Pero, desafortunadamente, poderosos: manejan el poder constitucional de la nación y, lo que es peor, sus armas. Tienen, además, 200 años de experiencia en la materia. Son expertos. Son peligrosos.

Recordemos: manejan profesionalmente el fusil, la bayoneta, el corvo, la tortura y el asesinato. Y también –no lo olvidemos–, con extraño profesionalismo, el engaño, el disimulo, la traición y la felonía. Han dominado, entre ambos, el discurso oficial del Estado y también el de la Patria. Han construido por sí mismos la legalidad vigente. Se escudan detrás de todo eso. Se enriquecen y engordan a su sombra.

Son peligrosos.

Ya han partido, recién: agosto del 2011, señalando que "el plebiscito" es imposible (Andrés Zaldívar), que la "gratuidad de la educación" es imposible (Sergio Bitar), que si la policía no da abasto, "será necesario recurrir al Ejército" (Pablo Zalaquett). Y han comenzado a asociarse transversalmente, de Derecha a Izquierda, visitando el Palacio de Gobierno por turnos (donde vela, nervioso, un presidente de Derecha), alegando que "todo" debe decidirse en el Congreso Nacional, su casa (el legítimo "club de la pelea");

que todos deben sentarse, allí a dialogar: es la mesa parlamentaria de todos... Por ahí empiezan. Seguirán tratando de adoptar para sí mismos el discurso rebelde e incluso el revolucionario, para colarse a la cabeza del movimiento y desde allí conducirlo. O sea frenarlo. Jugarán a líderes del pueblo. Hasta aparecerán, de vez en cuando, en los desfiles... Pero si les va mal y su miedo a la cesantía histórica sube vertiginosamente, ya no aumentará su grado de fiebre populista: mirarán entonces, de soslayo, a los cuarteles... Y hasta podrían lanzarles maíz... Y en ese punto, si el poder popular constituyente pasa del mero desfile al poder *dual*, es posible que hagan lo mismo que el ministro designado apresuradamente por el presidente Sanfuentes en 1919 (don Ladislao Errázuriz): inventarán cualquier peligro de guerra, externa o interna, para imponer la Ley Marcial, o el Estado de Sitio, y así justificar la represión militar...

No seamos ingenuos: la clase política civil, en momentos de peligro para ella (riesgo de cesantía histórica) se enlaza siempre con los militares en el minueto del "enroque", y aquéllos –que no han eliminado nunca de su cabeza la obsesión de que hay dentro de la nación un "enemigo interno"– se dejan tentar fácilmente por el peligro que amenaza a su consorte, y hacen entonces lo único que saben hacer: disparar y matar... No seamos ingenuos: los militares tienen intacta esa obsesión en su cabeza...

¿Qué hacer?

Lo único que puede hacer el pueblo soberano: mantenerse unido, *reeducar a la clase política militar y controlar desde abajo*, férreamente (como los "pueblos" en

1823) a sus representantes y delegados, a objeto de frenar e impedir su autotransformación (desintegrándola por "revocación") en 'clase política civil'. El mayor peligro para la soberanía popular proviene siempre de mercenarios ("rufianes que se venden a otros intereses", decía Rousseau): sus seudo-defensores 'a sueldo' y sus seudo-representantes 'a dieta millonaria'. El poder de la soberanía, capaz de neutralizar ese peligro es, en lo esencial, la cultura y la inteligencia sociales, su poder diversificado, que *no puede ser vencido* político-militarmente (ver más arriba), que es suficientemente flexible y resiliente como para levantarse una y otra vez, indoblegable. Su poder no es el arma militar ni el ataque directo destructivo, sino el éter envolvente y penetrante de la cultura, las ideas y el poder diversificado de la ciudadanía. Y por cierto: la crítica implacable, la propuesta insistente. Su fuerza está en lo inmaterial, por eso puede y debe plantear una radical transformación, no solo del sistema educacional civil, sino también del sistema educacional militar. Es la ciudadanía chilena la que debe estructurar y administrar *ambos* sistemas educativos, y no el Mercado o el Pentágono o el gran capital financiero internacional.

¿Nos hemos autoeducado suficientemente como para hacer *eso*?

¿Tenemos el poder cultural suficiente para bombardear el modelo neoliberal con críticas incisivas y propuestas inteligentes que nos aseguren la posibilidad de controlar todos los procesos y mecanismos desde abajo? Pues, de no tenerlo, tal vez es mejor continuar intensificando nuestro proceso autoeducativo y acumulando 'experiencias de poder'. La debilidad en este plano puede facilitar considerablemente la maniobrabilidad experta de los 'mercenarios'...

A menos, claro, que, con lucidez relampagueante y audacia soberana, acumulemos poder en corto tiempo y madruguemos a nuestros obstáculos de siempre. Pero ¿cómo?

VII
Educación

Es bueno, en este punto, tener presente y considerar a dos actores sociales importantes, que han jugado y pueden jugar un papel relevante en los movimientos social-ciudadanos: el "bajo pueblo" y el profesorado básico y medio. Los mismos que, a menudo (o casi siempre), han sido olvidados por los historiadores y despreciados por los políticos "profesionales".

Se denominó "bajo pueblo", en el período colonial, a los grupos sociales que no eran "vecinos con casa poblada"; esto es: que no vivían en "pueblos" y no tenían, por tanto, la calidad de "ciudadanos". En especial, los que quedaron estancados viviendo en esa situación (dispersos en "ranchos" de barro y ramas que levantaban en cualquier parte) pertenecían, en su mayor parte, al *pueblo mestizo*. El Derecho Imperial español se aplicó a españoles y criollos (en tanto tenían calidad de "vecinos") y, bajo forma de Derecho Indiano, a los indígenas, a los que se les reconoció su derecho a vivir en "pueblos", con capacidad de autogobierno (caciques) y propietarios de las tierras colindantes. Pero ese Derecho *no legisló nada respecto a los mestizos* y otras castas cruzadas (zambos, etc.), de modo que esos individuos no podían ser encomendados (no eran indígenas), ni encomenderos (no eran españoles o criollos), no podían tener cargos concejiles, ni ser sacerdotes, ni siquiera formalmente "soldados", etc. Si trabajaban, no existía una legislación laboral para ellos (para los indígenas, sí): quedaban sujetos, en la práctica, a la voluntad del patrón o a un ajuste verbal ("conchavamiento") que podía ser desconocido o cambiado por el patrón en cualquier momento. El pueblo mestizo, por tanto, no recibió mercedes de tierras, no fue ni encomendero ni encomendado, no tuvo ningún estatus ni rol definidos, nada estructurado. Como se dijo entonces: eran hombres "sin Dios ni Ley", gente sin derechos. Por tanto, esencialmente *abusables*, violables. No eran "pueblo" (solo los vecinos con casa poblada lo eran), razón por la que se les denominó "*bajo pueblo*". Una masa marginal, afuerina, forastera, vagabunda, peligrosa. Por eso devino, poco a poco, en un "*enemigo interno*".

En esa condición, su lucha por la subsistencia fue siempre difícil, marginal y riesgosa. Por lo mismo, no se casaban, no formaban familia: eran un pueblo de "*huachos*". Por su origen, no tenían linaje, pero sí el estigma de no ser "hijos de familia". No existiendo para ellos un derecho laboral racional sino un trabajo peonal forzado a pagas miserables, no tuvieron otro camino que robar (comida, animales, especies), saquear y jugarse la vida en una centenaria "*guerrilla de recursos*" con el sistema latifundista y con los mismos "pueblos" (el bandidaje se extendió desde 1760 hasta 1940, aproximadamente). En eso halló un aliado en el pueblo mapuche que, desde fines del siglo XVI, se enfrentó en una guerra intermitente con el "Reyno" de Chile y después con la República, que duró hasta fines del siglo XIX y que también devino en "*guerrilla de recursos*". Naturalmente, esa lucha se tradujo en una constante represión y persecución al pueblo mestizo, lo que lo dejó de hecho convertido en pueblo "proscrito", sospechoso y criminal, lo que, a su vez, no le dejaba otra salida que insistir en la guerrilla de recursos.[7]

El *pueblo mestizo* ha sido el gran olvidado de nuestra historia. Se le llamó masa de "vagamundos mal entretenidos", "vandalaje", "rotos alzados", masa de "peones-gañanes", "bajo fondo", "conventilleros", "lumpen-proletariat", "hampa", "hez social", "callamperos", "pobladores", "antisociales", etc. Solo tardíamente, a mediados del siglo XX, se le concedió derecho a voto (individual). La Constitución de 1833 se lo negó explícitamente. Incluso los políticos e historiadores de Izquierda le han negado su *politicidad*, por no tener otra cualidad cívica que su "barbarie política". La FOCH no lo consideró en nada. Todas las confederaciones sindicales posteriores (la CGT, la CTCH y la CUT) lo ignoraron y no buscaron nunca una asociación con ellos. Ningún partido de Izquierda ha planteado una teoría consistente de su situación. Son los parias de nuestra historia. Los "condenados de la tierra".

Y sin embargo han constituido siempre la *mayoría de la población nacional*, la masa física del "pueblo".

Y se han incorporado, por decisión propia, a las luchas políticas de la ciudadanía popular. No una vez: *todas las veces*, atacando sí directamente al "enemigo" donde más le duele: la propiedad. O sea: asaltando, robando, saqueando. Por eso mismo, se han llevado los peores castigos. Normalmente, son carne de cañón. Por este tipo de conducta de

---

[7]   Ver de G. Salazar: *Labradores, peones y proletarios. Formación y crisis de la sociedad popular del siglo XIX*. Santiago: Ediciones SUR, 1985.

estos aliados, los actores cívicos de la Izquierda Parlamentaria, normalmente, retroceden (lo hicieron en 1851, 1859, 1905, 1957, 1972…), se apartan de ellos, los dejan solos…

¿Debemos descartarlos, juzgarlos o comprenderlos?

Es preciso tener presente que, si no viven en pueblos formales, si no tienen trabajo estable, si no llegan a educarse por completo, si viven al margen, si insisten en la ya multicentenaria "guerra de recursos", si están proclives a la violencia, no es porque no tengan *razones objetivas y subjetivas* ni es porque no tengan *formas asociativas*, o no desarrollen entre ellos *camaradería y solidaridad*, o no tengan a su manera *comunidad* ni falta de "autonomía". Tienen "*capital social*", poderes "*diversificados*", capacidad de acción. Todo eso y más…

Pero seguimos manteniéndolos como el "pueblo mestizo" que han sido siempre: rotos insolentes "sin Dios ni Ley", bárbaros, antisociales.

¿No será tiempo de comprenderlos, de trabajar con ellos autoeducativamente en el desarrollo cívico de lo que realmente tienen: asociatividad, solidaridad, razones objetivas, identidades autónomas, poder local diversificado (cultural, productivo, de tráfico, delictivo, deportivo, comunitario, etc.)? Gran parte de la cultura propia que exhiben los actuales movimientos popular-ciudadanos en Chile proviene de la capacidad de autopotenciación de la cultura marginal. Siempre la cultura autóctona de este país ha salido de las redes y poblamientos del pueblo marginal…

Es el dilema que enfrenta, entre otras cosas, el sistema educativo nacional en el día de hoy. Ha existido 200 años enseñando a los chilenos las ciencias y las artes de la cultura occidental nórdica: la española, la francesa, la inglesa, la norteamericana, la taiwanesa, la finlandesa, pero nunca ha intentado educar a los chilenos en base a su propia realidad. Partiendo de la situación, por ejemplo, en que ha vivido 200 años el *pueblo marginal*, que ha sido siempre una abrumadora mayoría (hoy se les describe en función de su coeficiente ingreso/consumo: "quintiles 1 y 2"…). En cambio, hemos intentado educar a ese pueblo marginal en base a la cultura y las expectativas de *las elites mercantiles dominantes* y de sus socios comerciales de ultramar; o sea, según el mercado mundial.

Es tiempo de considerar también a los "maestros" (profesores de Básica y Media), que llevan 200 años "pasando la materia" que les viene de Occidente (del Norte), tratando de trepanar los cráneos de los niños marginales para embutirles una realidad pasada, presente y futura *que no es la de ellos*. ¿Por qué responsabilizar hoy a los profesores del rendimiento escolar del SIMCE o de la PSU y no a la *potencia cultural de la calle* donde los estudiantes mayoritariamente viven inmersos y que compite (con ventaja) con el aula? ¿Sobre todo en el caso de los niños del pueblo marginal?

Los profesores, al "pasar materias" (ajenas) educan para *imitar*. Y al hacer eso, solo ocupan la cuarta parte (25 %) de *su* capacidad instalada real, y la cuarta parte (25 %) de la capacidad real de los niños. Que la inteligencia real de los profesores es de 100 % y no de 25 %, está demostrado en su rendimiento neto cuando fueron estudiantes universitarios. Y que la capacidad de los niños es de 100 % y no de 25 %, está demostrado de sobra en lo que hacen dentro de la "cultura de la calle", donde viven y tienen identidad real.

¿Por qué no ocupar el 100 % de la inteligencia social de unos y de otros? ¿Por qué no educar *desde la realidad* de unos y de otros?

El profesor debe ser formado para "pasar materia", sin duda (enseñar las ciencias occidentales), pero sobre todo para *investigar la realidad local* que rodea el proceso educativo y para *gestionar, dentro y fuera del aula, el desarrollo efectivo de esa realidad*. El profesor no puede dejar de ser un investigador de la realidad, un *autor* que publica y debate públicamente esas mismas investigaciones (puede enseñar mejor haciendo eso) y un profesional que se incorpora a la comunidad real como *gestor socio-cultural* de su desarrollo efectivo. Todo profesor debería tener esa triple formación y ejercer esa triple capacidad. Solo así se podrá unir el aula y la realidad concreta de la comunidad local en un mismo proceso educativo.

La soberanía ciudadana necesita activar sus procesos autoeducativos a todo nivel. Y solo uniendo ambos polos culturales –hoy separados y antagónicos– podrá articular los mecanismos socioculturales que cimentarán el desarrollo del poder social diversificado.

Para construir un nuevo Estado es necesario, prontamente, unir todos los cabos de ese poder...

La Reina, 4-15 de agosto de 2011

Índice

ESTE LIBRO HA SIDO POSIBLE POR EL TRABAJO DE

COMITÉ EDITORIAL Silvia Aguilera, Mario Garcés, Luis Alberto Mansilla, Tomás Moulian, Naín Nómez, Jorge Guzmán, Julio Pinto, Paulo Slachevsky, Hernán Soto, José Leandro Urbina, Verónica Zondek, Ximena Valdés, Paulina Gutiérrez, Santiago Santa Cruz **SECRETARIA EDITORIAL** Sylvia Morales **RESPONSABLE DE EDICIÓN** Florencia Velasco **PRENSA** Irma Palominos **PRODUCCIÓN EDITORIAL** David Bustos, Guillermo Bustamante **PROYECTOS** Ignacio Aguilera **DISEÑO Y DIAGRAMACIÓN EDITORIAL** Alejandro Millapan, Leonardo Flores, Miguel Ángel Becerra **CORRECCIÓN DE PRUEBAS** Raúl Cáceres **DISTRIBUCIÓN** Nikos Matsiordas **COMUNIDAD DE LECTORES** Francisco Miranda **VENTAS** Elba Blamey, Luis Fre, Marcelo Melo, Olga Herrera **BODEGA** Francisco Cerda, Rodrigo Retamal, Mauricio Burgueño, Pedro Morales **LIBRERÍAS** Nora Carreño, Ernesto Córdova **COMERCIAL GRÁFICA LOM** Juan Aguilera, Danilo Ramírez, Inés Altamirano **SERVICIO AL CLIENTE** Elizardo Aguilera, José Lizana, Ingrid Rivas **DISEÑO Y DIAGRAMACIÓN COMPUTACIONAL** Claudio Mateos, Nacor Quiñones, Luis Ugalde, Luis Gálvez, Jessica Ibaceta **PRODUCCIÓN IMPRENTA** Gabriel Muñoz **SECRETARIA IMPRENTA** Jasmín Alfaro **IMPRESIÓN DIGITAL** Carlos Aguilera, Efraín Maturana, William Tobar, Marcelo Briones **PREPRENSA DIGITAL** Daniel Véjar, Felipe González **IMPRESIÓN OFFSET** Eduardo Cartagena, Freddy Pérez, Rodrigo Véliz, Francisco Villaseca, Raúl Martínez **CORTE** Eugenio Espíndola, Juan Leyton, Sandro Robles, Alejandro Silva **ENCUADERNACIÓN** Ana Escudero, Alexis Ibaceta, Rodrigo Carrasco, Sergio Fuentes, Pedro González, Rubén Obreque, Carlos Muñoz, Edith Zapata, Juan Ovalle, Pedro Villagra, Eduardo Tobar, Mauricio Caballero **DESPACHO** Luis Avilés **MANTENCIÓN** Jaime Arel, Elizabeth Rojas **ADMINISTRACIÓN** Mirtha Ávila, Alejandra Bustos, Andrea Veas, César Delgado, Soledad Toledo.

LOM EDICIONES

www.ingramcontent.com/pod-product-compliance
Lightning Source LLC
LaVergne TN
LVHW041729190726
843493LV00007B/2278